제 주

보헤미안

제 주
보헤미안

김태경 지음

시공사

Contents

**#1
제주, 기회의 땅**

산속에 일식집을 연 요리사 • 김승민 /일식집 아루요 셰프 **10**
성공을 꿈꾸는 야심 찬 30대의 제주행 • 김병수 /달그락 화덕 피자집 운영자 **34**
나의 콘텐츠, 제주의 로컬 푸드 • 정희경 /샐러드앤미미 오너 **58**

**#2
평범한 직장인, 바로 우리의 이야기**

농사짓기, 그 황홀함에 대하여 • 이현수 /해마글 감귤 농장 농부 **86**
서울 반, 제주 반! 두 여자의 평행이론 • 장길연 & 손은정 /카페 달빛봉봉베란다의
쇼콜라티에 & 플로리스트 **110**
게으른 게스트하우스로 초대합니다 • 하민주 /게스트하우스 & 카페 레이지박스 운영지 **136**

**#3
자유로운 영혼이 머무는 곳**

디지털 노마드의 섬 상륙기 • 이담 /바람카페 오너 **162**
청춘을 위한 아지트를 만든 메가쇼킹 • 고필헌 /쫄깃쎈타를 운영하는 만화가 **182**
까칠한 예술가의 제주 로맨스 • 이두원 /제주의 자연을 그리는 화가 **204**

#4
결국, 그들이 고향으로 되돌아온 까닭은?

제주에서 멀티플레이어로 사는 법 • 이혜연 /카페 메이飛 오너 **232**
느슨한 제주에서 나를 붙잡다 • 박경필 /레코딩 엔지니어 **254**
수상한 건축가의 로컬 살리기 • 이승택 /문화도시공동체 쿠키 대표 **276**

Making Note

제주 보헤미안 13인과의 만남. 미처 못다한 이야기들 **297**

After Note

제주 취재 노트 /제주를 좀 더 이해하기 위해 당신이 알아두어야 할 것들 **314**
제주 정착 노트 /제주 이주를 준비하는 이들을 위한 어드바이스 **324**
제주 여행 노트 /제주에서 가볼 만한 카페, 갤러리, 도서관, 맛집, 숙소 리스트 **332**

Opening page

어느 날 갑자기,
마음에 바 람 이   불   었   다

총면적 1,848km,
7개 읍, 5개 면, 31개 동,
주민등록 인구수 57만6,156명….

이 책에서 말하고자 하는 제주는 이런 수치적인 자료와는 거리가 멀다.
말과 글로는 명료하게 설명할 수 없는 '그 무엇'.
'이성'보다는 '감성'적인 코드와 맞닿아 있다.

인생의 기회를 찾아서,
단조로운 직장생활에서 벗어나고 싶어서,
자유로운 삶을 영위하기 위해,
자신이 나고 자란 고향이라서,
사람들은 저마다 다른 사연을 품고 제주로 모여든다.

제주에 모여드는 이들은
철없는 청춘들의 객기가 아닌,
사회적인 기준이나 원칙에 의해서도 아닌,
오직 자신들의 선택과 문화적 촉수에 의지한 채
새로운 패러다임을 형성하고 있다.
과거와 현재, 자연과 문화가 공존하며,
자유분방하지만 통속적이지 않은 섬, 제주.
이곳에서 만난 사람들을 나는 이렇게 부르고 싶다.
'제주 보헤미안.'
자유로운 영혼과 창조적 감성을 가진 그들은 제주의 자연 속에서
그동안 꾹꾹 숨겨온 자신들의 진심을 내어 놓는다.
어느 날 갑자기 제주에 온 사람들과의 만남.
지금부터 시작이다.

#1
제주, 기회의 땅

과거엔 성공에 굶주린 젊은이들을 달뜨게 했던 '아메리칸 드림'이 있었다. 미국. 그곳에 가면 무슨 일을 해도 성공할 수 있고, 무한한 기회가 펼쳐지리라는 막연한 꿈 같은 거 말이다.
그렇다면 지금은 어떤 꿈을 꿀 차례인가. 바로 우리가 살고 있는 이 땅. 대한민국 남녘의 섬 '제주'가 당신에게 또 다른 꿈을 선사한다. 더 넓은 세상을 향해 있는 섬. 열정 넘치는 곳. 제주에서 들려오는 또 다른 희망, 기회, 용기에 대한 이야기.

산속에

일식집을 연

요리사

높고 새파란 하늘, 하얀 뭉게구름,
이름 모를 풀들로 가득한 들판,
그 속에 오롯이 자리한 작은 건물 하나.
어디선가 새들이 울고, 간간이 개 짖는 소리도 들려온다.
일식집 아루요ARUYO의 주방 문을 열기 전엔,
이곳이 초면인 이들에게는 어쩐지 좀 비현실적인
공간이라는 느낌이 강하다. 제주 여느 곳보다 조용했던
유수암리 산속. 이곳이 언제부터인가 낯선 사람들로
북적이기 시작한 건 아루요 때문이다.
맛집이 있는 곳이라면 방방곡곡 그 어디라도 찾아가는
미식가들이 아루요의 음식에 대해 한마디씩 하느라
여념이 없다. 그런 부산함에는 아랑곳없이 무뚝뚝한 인상의
오너이자 셰프인 김승민은 프라이팬을 연신 흔들며
지지고 볶고 음식 만들기에 한창이다.
그 모습이 어디서 본 듯한 느낌, 마치 데자뷔를
연상케 하는 순간, 한창 즐겨 보던 만화
〈심야식당〉이 뇌리를 스쳤다.

Name	김승민
Age	40세
Job	일식집 아루요 셰프
Since	2010년
In Seoul	일본 유학 후, 서울 유명 일식당에서 하루 24시간이 모자르게 일하며 이름을 날리던 일류 요리사
In Jeju	두 아이와 아내의 든든한 버팀목이자, 제주의 모든 식재료에 푹 빠져 있는 요리사

날마다 새벽같이 항구에 나가 공수해 오는 식재료들은 김승민의 손을 거쳐 '아루요'만의 요리로 탄생한다. 그날 항구에서 어떤 생선이 들어왔느냐에 따라 메뉴가 결정되는, 한마디로 주인장 마음대로 주 메뉴가 정해지는 조금은 이기적인 식당이다. 메뉴판이 있긴 하지만, 손님이 원하는 음식을 즉석에서 해주기도 한다.

얼마 전엔 동네 어르신 한 분이 짜장면이 먹고 싶다고 해서 마침 냉장고에 있는 춘장으로 그 자리에서 만들어드린 적도 있다. 밀려드는 주문을 소화해 내기에 급급해 매뉴얼대로 음식을 찍어내는 것조차 버거웠던 서울에선 어림없는 일. 아루요는 일본말로 '있어요'라는 뜻인데, 그의 요리철학이 담긴 말로 손님이 원하는 요리를 만들겠다는, 스스로에게 다짐하는 메시지가 담겨 있다. "할 수 있는 게 요리밖에 없어서"라는 그의 말에서 김승민의 진심이 묻어난다.

은은한 오페라가 흘러나오는 가운데, 턱이 높은 바 안에서 진지한 표정으로 부지런히 요리에 열중하고 있는 요리사에게선 굳이 말로 설명하지 않아도 충분한 깊은 내공이 느껴진다. 계란을 풀어 자박자박하게 익혀서 넣은 제주산 돼지고기 돈부리에 시원한 맥주 한 잔을 마시고 나니 이 세상이 내 것인 양 기분 좋은 포만감이 온몸에 스민다. 생선으로 요리를 하던 남자가 제주도의 바다도 아닌 산속으로 들어와 작은 식당을 열었다니, 호기심이 발동한다. 제주도라면 인생이 달라질 수 있으리라는 믿음 때문이었을까. 하지만 예상 밖의 대답이 돌아왔다.

아내를 위한 마 지 막   선 택
"좀 더 열심히 일해서 집을 사는 게 목표였어요. 그렇게 하루 이틀 시간이 지나면서 어느새 삶의 목적이 돈이 돼버렸던 거 같아요. 가족들을 위해 악착같이 일을 했던 건데, 어느 순간 가족들이 아닌 돈을 버는 것 그 자체가 목표가 되어 있더라고요. 그래도 남들 다 그러고 사니까, 당연한 일이라 여기면서 앞만 보고 달려왔어요. 언젠가는 잘될 거라고 믿으면서요."

대부분의 사람들과 같은 마음으로 버텨가던 그에게 청천벽력 같은 소식이 전해졌다. 묵묵히 자신의 곁을 지켜주던 아내의 건강이 걷잡을 수 없을 만큼 악화된 것. 새벽에나 퇴근해 오후에 나가는 생활을 수년째 반복하던 그는 선택의 기로에 놓였다. 암이 재발한 아내는 필히 공기 맑고, 물 좋은 곳에 가서 요양하지 않으면 안 되는 상황이었다. 그런데 평생 도시에서만 살았던 그의 상식으로는 현실적으로 불가능한 일이었다. '정말 모든 걸 그만두고 떠나야 하나, 그렇다면 어디로 가야 할까? 가서 먹고살 수는 있을까? 그럼, 아이들 학교도 옮겨야 하는데 괜찮을까?' 온갖 고민과 염려로 심란한 나날을 보냈다. 그러나 선택의 여지가 없었다. 아내를 위해서라면 무엇이든 해야 했으니까.

"모든 걸 정리해 보니, 동부이촌동 30평대 아파트 전셋값 1억 5,000만 원 정도가 남더군요. 그걸 가지고 어디서 어떻게 살아야 하나 막막했어요. 딱히 고향이라고 할 만한 곳도 없었지만, 어디든 상관없었죠. 단지, 바다가 가까웠으면 좋겠다고 생각했어요. 강원도나 부산도 어떨까 싶었지만 그곳은 마음이 가지 않더라고요. 어찌어찌하다 보니 제주도까지 오게 되었네요."

연고 하나 없는 제주도에 내려가겠다고 하자, 주변사람들이 극구 만류했을 것이라는 추측은 보지 않아도 뻔한 일. 하지만 그에겐 가족을 지키기 위해 할 수 있는 최선의 선택이었다. 제주도에서 횟집을 운영하는 지인을 쫓아 제주도로 왔지만, 거기까지였다. 앞으로 살아갈 일은 온전히 그의 몫이었으니까. 모든 것이 낯설고 막막했다. 다행히 그에게는 '요리'라는 먹고살 수 있는 기술이 있었다. 그는 제주도에 내려와 살아보겠다는 사람들에게 "먹고살 수 있는 기술이 있어야 해요"라며 현실적인 조언을 거침없이 해준다고 한다. 아무런 대책 없이 무작정 내려왔다가 더

어느 순간 가족들이 아닌 돈을 버는 것
그 자체가 목표가 되어 있더라고요.
그래도 남들 다 그러고 사니까,
언젠가는 잘될 거라고 믿으면서요.

큰 시련으로 상처 받지 않았으면 하는 마음에서다. 처음에는 그도 정작 요리라는 기술을 갖고 있었지만 써먹을 곳이 없었다.

"처음부터 식당을 차리려고 한 건 아니었어요. 현지 사정이 어떤지도 모르고, 좀 더 여유를 갖고 앞으로의 계획을 세우려고 했는데 텃세가 예상보다 심하더라고요. 횟집에서 일을 익히면서 적응해 보려고 했는데 취직이 쉽지 않았어요. 제가 책임져야 할 집사람과 두 아이가 있는데 아무것도 안 하고 무작정 버틸 수는 없어서 사이사이 귤도 따고, 막노동을 하면서 생활비를 충당했어요. 그러다가 직접 가게를 열어야겠다 마음먹었지요. 그 후론 모든 일이 일사천리로 진행되었어요."

먹고살려면 무엇이든 해야 했다. 예상은 했었지만, 아니 예상보다 제주에서의 정착은 생각한 만큼 절대 호락호락하지 않았다.

지친 당신, 산속의 심 야 식 당 으 로 떠 나 라
처음 몇 달은 살 만한 곳을 둘러보는 데 시간을 할애했다. 괜찮은 듯 보이는 장소도 다음 날 다시 보면 딱히 마음이 당기질 않았다. 그렇게 3개월쯤 흘렀을까. 낡고 오래된 집 하나가 눈에 들어왔다. 몇 번이나 그 앞을 지나치곤 했었는데, '그래 바로 이곳이야'라는 심장이 쿵쾅거릴 정도의 끌림은 아니었다. 그러다가 어느 순간 신기하게도 여기라는 직감이 들었다. 마을의 중심인 원형 들판 앞에 펼쳐진 너른 바다와 산이 함께 공존하는 곳. 매끈하게 다듬어지진 않았지만, 은근한 멋을 풍기는 동네 분위기에서 남다른 포스가 느껴졌다.

외지인에 대한 편견이 심한 섬사람들과 친해지려면 오랜 시간이 필요하다. 언제 떠날지 모르는 사람들에게 쉽사리 정을 주지 않는 그들의 습성 때문. 제주에서 땅을 사서 집을 지으려면 현지인과의 친분이 상당히 중요한데, 제주로 오게 된 절박한 사정을 알게 된 유수암리 전 이장님이 그에게 큰 힘이 되어주었다. 운이 좋았는지 인정 많은 이장님의 배려로 지금의 땅을 저렴하게 구입할 수 있었다. 그렇게 유수암 마을 한복판 33평의 땅에 작고 소박한 이 층짜리 건물이 들어섰다.

"땅을 고르고, 집을 허물고, 건물을 세우고, 가구를 들이는 일 모두 제 손을 거쳤어요. 생전 안 해본 일을 하려니 너무나 힘들었습니다. 그전에는 엄두도 못 낸 일들을 상황이 주어지니 하게 되더라고요. 처음엔 살 집을 지으려고 했다가 집은 연세로 계약을 하기로 하고, 먼저 식당을 만들게 되었어요. 이것도 취직이 쉽지 않아서 내린 결정이었는데, 결과적으로는 잘된 거 같아요. 어찌 됐든 내 가게가 생겼으니까요."

제주의 심야식당 개업 스 토 리

언제까지 막연하게 취직만을 기대할 순 없었던 그는 식당을 열기로 마음먹었다. 서울의 유명 일식당에서 인정한 실력을 발휘할 기회였다. 정해진 메뉴와 재료만을 가지고, 음식 자체보다 얼마나 팔리느냐가 더 중요했던 서울에서의 요리사 생활이 행복했을 리 만무했다. 주어진 비용 안에서 효율적으로 음식 만들기를 하다 보면 모든 것이 수동적이 될 수밖에 없었다. 마치 어항 속의 물고기처럼. 그에 비하면 제주도는 특히나 생선을 다루는 일식 요리사에게는 천국과도 같은 곳이다. 새벽같이 일어나 집 앞 항구에 나가 팔딱거리는 생선을 마주할 때의 희열은 말로 표현할 수 없었다고 한다. 그러나 좋은 횟감을 사는 일부터 수월하지만은 않았다.

"생선을 사려고 집에서 가까운 항구에 나갔는데 외지인인 저에겐 팔지 않으려고 하더군요. 설사 팔더라도 비싸게 팔려는 게 눈에 보였어요. 오기가 생겨서 하루도 빠지지 않고 나갔더니 그제야 생선을 제대로 살 수 있는 차례가 오더라고요. 지금은 얼굴이 익어서 그런지, 더 이상 외지인이 아니라고 판단해서인지는 모르겠지만 싱싱한 생선을 선뜻 내주곤 해요."

재료부터 남다른 음식은 그의 창의적인 손길을 거쳐 진정한

모든 것이 낯설고 막막했다. 다행히 그에게는
'요리'라는 먹고살 수 있는 기술이 있었다.

요리로 완성된다. 어디서 듣고 왔는지 하루가 다르게 손님들이 늘어나는 것이 고민이란다. 그건 바로 예전처럼 바쁜 일상으로 돌아가고 싶지 않기 때문이다. 서울이었다면 이렇게 장사가 잘되면 곧바로 사람을 늘려가며 모든 시간을 쏟아부었을 게 뻔하다. 문득 아베야로의 만화 〈심야식당〉이 생각났다. 도쿄 신주쿠의 골목 대신, 제주도 유수암리 산속으로 자리만 바꿨을 뿐. 심야식당의 메뉴는 하나지만, 손님이 원하는 음식을 만들어주는 낡은 식당에는 게이 바 주인, 권투선수, 회사원, 야쿠자 두목 등… 갖가지 사연을 가진 사람들이 찾아온다. 한창 이 만화에 빠져 있을 무렵, 나에게도 마음 편히 갈 수 있는 심야식당이 있었으면 좋겠다고 생각했다. 혼자라도 어색하지 않고, 원하는 음식을 먹을 수 있는 곳 말이다. 아루요에도 여러 사연을 지닌 사람들이 찾아온다. 스쿠터를 타고 제주 일주를 하는 신혼부부부터 머리가 하얗게 센 여고동창생들까지 어떻게들 알고 찾아오는지 그로서는 여전히 신기할 따름이다.

"젊은 사람이 갑자기 나타나서 산속에 일식집을 차렸다니 동네주민들이 경계 아닌 경계를 하는 듯했어요. 그런데 언제부터인가 아침에 가게 문을 열려고 나가보면, 갓 뽑은 무나 감자, 나물이며 온갖 먹거리를 두고 가시곤 하더라고요. 손님들이 오면 얼른 자리를 비켜주는 배려도 잊지 않으시고요."

얼마 전에는 동네에 터를 잡고 사는 가수 장필순과 그녀의 지인들이 들렀는데, 자연스럽게 즉석 라이브 공연도 곁들여졌다. 만화를 그린다는 이웃주민은 손수 명함을 만들어주기도 하고, 공사를 하는 데 일손을 보태주기도 했다. 그는 제주에 온 이후로 사람 사는 게 바로 이런 거구나라는 사실을 온몸으로 체감 중이다. 그래도 그에게 제주가 가장 매력적인 이유는 멸치, 쥐치, 돔, 전갱어, 고등어, 우럭 등 말만 들어도 흐뭇해지는 식재료가 넘쳐나는 곳이어서다.

"제주도에서 가장 좋은 건 신선한 먹거리가 풍요롭다는 점이에요. 이곳에선 바다를 바라보며 맛도 좋고 싱싱한 식재료를 실제 가격의 1/3도 안 되는 값에 구입할 수 있어요. 가격을 떠나서 엄청난 질적인 차이가 있어요. 전 지금 제가 누리고 있는 생활이 진정한 럭셔리한 삶이라고 생각해요. 두고 보세요. 아마 몇 년 후면, 채소 하나 물고기 하나 먹으려고 해도 엄청난 대가를 지불해야만 하는 시대가 곧 올 테니까요. 제주도의 먹거리는 미래지향적인 대안이 될 거라 확신해요."

제주도는 특히나 생선을 다루는 일식 요리사에게는
천국과도 같은 곳이다. 새벽같이 일어나 집 앞 항구에 나가
팔딱거리는 생선을 마주할 때의 희열은
말로 표현할 수 없었다고 한다.

200% 만족하는 제주의 교육환경

제주도에 내려온 가장 큰 이유였던 아내의 건강은 날이 갈수록 호전되어 갔다. 몇 개월이 지났을까. 아내의 입맛도 다시 돌아오고, 예민해진 성격도 한결 여유로워졌다. 친구들과 떨어지는 걸 슬퍼하던 아이들의 얼굴에도 웃음이 돌아왔다. 행여 다른 아이들보다 뒤처지진 않을까 걱정하던 아내도 이곳의 교육환경을 접한 후 만족하고 있다.

"제주도에 내려간다고 하니까 아이들 교육은 어쩌려고 그러냐며 걱정하시는 분들이 많았어요. 저 역시도 오기 전에는 마땅히 정보를 얻을 만한 곳이 없어서 불안한 상태였고요. 아이들에겐 미안했지만 저희에겐 선택의 여지가 없었어요. 하지만 지금은 안 왔으면 어쩔 뻔했나 싶을 정도로 모든 것이 기대 이상이에요. 원어민 교사가 학생 3명당 1명씩 담당하고, 과외시간엔 골프나 승마, 요트를 배우기도 해요. 서울에선 돈도 돈이지만 엄두를 낼 수 없는 일들이잖아요."

대다수의 사람들은 제주가 교육에서 방치된 지역이라고 단정짓는다. 대도시처럼 아이들이 학원 서너 개는 기본으로 다니고, 초등학교에 들어가기 전 영어를 마스터하기 위해 동분서주하진 않지만, 제주도만의 특화된 환경은 대도시 교육에 비할 바 아니다. 김승민 역시, 제주에 내려올 때만 해도 아이들에게 미안한 마음뿐이었다. 또래들에게 밀릴 수밖에 없겠구나 싶었다. 하지만 막상 현지에 오니 아이들에겐 제주만큼 좋은 환경이 있겠나 싶을 정도로 만족도가 높다. 자연환경은 말할 것도 없고, 제주에서 누릴 수 있는 혜택은 말로 다할 수 없을 정도다. 컴퓨터에 빠져 있던 아이들은 아빠와 함께 바다 수영하는 재미에 한창이고, 학원 대신 자연에서 배우는 것이 훨씬 많다는 사실을 새삼스레 깨닫는 중이다. 낯선 사람을 경계하라는 걱정 어린 잔소리 대신, 동네 어르신들께 먼저 인사하라는 법을 가르치고 있다. 하나부터 열까지 모든 면에서 마음에 안 드는 구석이 없단다.

"전 200% 만족하는 삶을 살고 있어요. 한 가정의 아빠로서, 남편으로서 제 역할을 못하는 거 같아 항상 미안했는데, 어느 정도 만회하고 있는 거 같아요. 무엇보다 가족이 함께하는 시간이 늘어난 점이 가장 좋아요."

같은 집에 살면서도 얼굴 보는 게 하늘의 별 따기였던 예전과는 비교할 수 없을 정도로 가족간의 정이 돈독해졌음은 물론이다. 항상 바쁜 아빠에게 투정 부리던 아이들은 매일이 휴가인 제주도에서의 생활에 완벽하게 적응했다.

"자전거를 타면 바다까지 15분 정도 걸려요. 볕이 좋은 날이

같은 집에 살면서도 얼굴 보는 게 하늘의 별 따기였던
예전과는 비교할 수 없을 정도로
가족간의 정이 돈독해졌음은 물론이다.
항상 바쁜 아빠에게 투정 부리던 아이들은
매일이 휴가인 제주도에서의 생활에 완벽하게 적응했다.

면 아침부터 아이들과 물장구를 치다가 히치하이킹을 해서 다시 돌아와요. 매일매일 그런 삶을 살고 있다는 것이 꿈만 같아요."

폐쇄된 풀장 대신 경계 없는 바다가 있고, 정돈된 정원 대신 푸르른 들판이 지척이다. 감자 칩 대신 감자를 쪄 먹고, 탄산음료 대신 귤차를 마시는 게 당연한 생활이 아이들에게 끼칠 영향은 말로 다 하지 않아도 알 수 있다. 소유하지 않아도 풍요로운 삶이 바로 이런 게 아닐까. 그렇다고 전혀 불편한 게 없을까. 모든 것이 만족스럽기만 할까 궁금해졌다.

"물론 연고 하나 없는 섬에 와서 터를 잡고 사는 건 힘들 수밖에요. 하지만 그것만 극복하고 나면 몇 배의 행복을 만끽할 수 있어요. 아내는 쇼핑을 자유롭게 못하는 게 제일 불편하다고 하더라고요. 제주도엔 대형 마트 한두 개 빼곤 백화점이나 쇼핑몰이 없어요. 인터넷 쇼핑몰을 주로 이용하긴 하는데, 그래도 직접 보고 사는 거랑 차이가 있으니까요. 아쉬운 게 있다면 그 정도예요."

낯선 곳에 대한 우려가 시간이 지날수록 만족으로 바뀌었다니 참으로 다행 아닌가.

결국은 나를 치유하기 위한 제주행

그와 인터뷰하는 날 그가 그렇게 사랑해 마지않는 아내는 지금 제주도에 없다고 했다. 가수 이소라의 오랜 팬인 아내는 콘서트를 보러 서울로 여행을 떠났다. 간만에 친구와 함께 쇼핑을 하고 돌아올 예정이란다. 꿈이란 절대 이룰 수 없는 그 무엇이 아니다. 하지만 사람들은 쉽게 이룰 수 없으리라는 생각에 꿈을 포기하고 만다. 현실에선 불가능한 일이라고 지레 버리고 마는 것이다. 하지만 의외로 우리가 이루기를 바라는 꿈들은 작고 소박하며 멀리 있지 않다. 처음 제주도에 내려온 이유는 아내의 건강 때문이었다. 하지만, 이곳에서 치유받는 사람은 바로 자기 자신이 아니겠냐고 그는 되묻는다. 그가 제주에 와서 얻은 것들은 크고 대단한 것들이 아니다. 작고 사소한 것들을 발견하는 즐거움이었다. 김승민은 제주에서 사랑하는 가족들과 함께 느리고 한가롭게 사는 법을 배우고 있다. 미래를 위해 현재를 저당 잡힌 삶이 아닌, 바로 지금 행복을 누리는 법을 말이다.

제주도에 가면 바닷가에 널려 있는 횟집 대신, 산속 아루요에 들러보길 바란다. 허기진 배를 채워줄 음식을 주문한 후 찬찬히 주변을 둘러보자. 에어컨 대신 창밖의 바람을, 방향제 대신 바다 냄새를 맡으면서. 음식을 기다리는 동안 마시는 맥주 한 잔은 긴장을 풀어주기에 충분하다. 그러다 보면, 어느새 말이 없고 무뚝뚝한 듯하지만 정 많은 주인장이 멀리서 찾아온 당신을 위해 정성과 맛이 진하게 밴 음식을 넌지시 내놓을 것이다.

김승민의
———
제주살기

차별화된 제주도의 교육제도는 매 력 적 이 다 !

　제주도에 내려오고 싶어도 교육환경에 대한 우려가 아이를 가진 부모들의 발목을 잡는다. 아무래도 모든 교육시설이 도시로 집중화되어 있다 보니, 지방으로 내려가면 행여 내 아이가 뒤처질지 모른다는 우려에서다. 하지만 자세히 그 속을 들여다보면 그렇지도 않다.
　일단 먹거리가 중요한 성장기 아이들에게 패스트푸드나 가공식품 대신, 올바른 음식을 먹을 수 있는 기회가 제주에서는 평등하게 제공된다. 선진국에서도 엄두를 못 내는 친환경농산물 급식이 제주도에선 시행된다. 초, 중, 고교와 사립유치원 등 292곳 9만7,000명에게 친환경 급식을 시행하기로 결정한 것. 식재료는 제주산 친환경 인증 농산물을 우선 사용토록 했다. 서울에서도 무상 급식을 실시하긴 하지만, 친환경농산물 급식이 아니라는 사실은 자명하다. 그뿐만이 아니다. 외국의 유수 학교

와 연계된 외국계 학교를 설립해 국제화에 더욱 박차를 가할 예정이다. 이미 교육문제에 예민한 학부모들의 열화 같은 성원에 힘입어 입학설명회가 성황을 이뤘다는 후문. 원어민 교사의 대거 기용으로 학생들에게 풍부한 기회를 제공하는 건 물론, 골프와 승마 등 육지와 차별화된 여가활동을 활발하게 진행할 방침이다.

도시에선 걱정되는 마음에 아이들을 밖에 내보는 걸 꺼려했다면, 제주도에선 천혜의 자연 속에서 자유롭게 뛰어놀 수 있는 환경이 마련되어 있다. 생각을 바꾸면 아이들에겐 특별한 경험이 될 수 있는 것들투성이다.

처음 몇 달은 살 만한 곳을 둘러보는 데 시간을 할애했다.
그렇게 3개월쯤 흘렀을까. 낡고 오래된 집 하나가 눈에 들어왔다.
마을의 중심인 원형 들판 앞에 펼쳐진 너른 바다와 산이 함께 공존하는 곳.
매끈하게 다듬어지진 않았지만, 은근한 멋을 풍기는 동네 분위기에서 남다른
포스가 느껴졌다. 그렇게 유수암 마을 한복판 33평의 땅에
작고 소박한 이 층짜리 건물이 들어섰다.

성공을 꿈꾸는
야심 찬 30대의
제주행

탈출. 10대 시절 그를 지배했던 단어다.
자신의 원대한 꿈을 펼치기엔 제주는 한없이
작은 섬에 지나지 않아서였을까.
그땐 무조건 제주도를 떠나야만 살 것 같았다.
대학에 진학하면서 그의 바람은 이루어졌고,
수년 동안 제주도에 내려오지 않으려 꽤나 애를 썼더랬다.
김병수가 다시 제주도에 발을 디딘 건
고향에 대한 그리움도, 여유 있는 삶을 영위하기도 아닌,
성공을 위한 발판을 이곳에서 마련했기 때문이다.
순전히 객관적인 판단과 자발적인 선택에 의해서다.
벗어나고 싶었던 고향이 이제 그에겐 그 어떤 곳보다
매력적인 기회의 땅으로 다가왔다.
어릴 적에는 보이지 않았던, 제주가 가진 무한한 가능성을
서른이 넘어서야 발견한 것이다.

Name	김병수
Age	38세
Job	달그락 화덕 피자집 운영자
Since	2010년
In Seoul	대학에서 시각디자인을 전공. 졸업 후 영화판을 떠돌다가 디자인회사를 전전하던 편집 디자이너
In Jeju	달그락 화덕 피자집을 운영하며 힐링센터 설립을 꿈꾸는 음식점 오너

30대의 김병수가 회사를 때려치우고 제주도로 내려갈 채비를 했을 때 주변의 반응은 냉담했다. 마치 사회의 낙오자를 대하는 듯한 뉘앙스를 그는 도대체가 이해할 수 없었다.
 "서울에서 아무리 발버둥 처봤자 백도, 절도 없는 우리는 항상 제자리라고. 그걸 모르겠어? 난 기회를 찾아 떠나는 거야."
 이렇게 대놓고 말할 수는 없는 노릇 아닌가.
 그는 묵묵히 다음을 준비했다. 사업 아이템을 찾고 노하우를 전수받아서 장소를 물색했다. 자본을 확보한 후엔 모든 일에 가속도가 붙었다. 그가 차린 화덕 피자집은 맛도 분위기도 괜찮은 이색 음식점으로 입소문이 나기 시작했다. 점차 단골이 늘어나기 시작하더니, 저녁시간이나 주말에는 줄을 서서 기다려야 할 정도로 유명해졌다. 그제야 김병수의 지인들은 그의 역발상에 혀를 내두르며 그에게 조언을 구하느라 정신이 없다. 제주도에서 승산이 있을 만한 사업 아이템을 묻는 지인들에게 "제주도에 내려오는 게 일순위가 아니야. 단지 사업 아이템을 찾던 중, 화덕 피자를 선택하게 되었고, 아직 손이 덜 탄 제주도라면 성공할 수 있을 거라 믿었어"라는 감상적인 시선을 쏙 뺀, 경험담을 솔직히 들려준다. 뭔가 그럴듯한 이유를 기대했던 상대방에겐 김 빠지는 소리일 수 있지만 사실이 그러니까. 떠날 때는 뒤도 안

서울에서 아무리 발버둥 쳐봤자
빽도, 절도 없는 우리는 항상 제자리라고.
그걸 모르겠어?
난 기회를 찾아 떠나는 거야.

돌아봤지만, 돌아와서는 누구에게도 뒤지지 않을 만큼 하루하루를 최선을 다해 살고 있는 김병수의 인생역전. 그 첫 장이 제주도에서 시작된 것이다.

제주에 없는 화덕 피자에서 가 능 성 을　찾 다
김병수는 무엇을 하고 싶다는 생각이 들면, 일단 저지르고 보는 타입의 소유자. 마음이 동하는 일이 있으면 어떻게든 발을 담그고 본다. 지금은 피자집을 운영하지만 정작 그의 전공은 시각디자인. 겉멋인지, 호기심인지 알 수 없는 열정에 사로잡혀 대학시절부터 몇 년간 영화판에서 구르기도 했다.

 "영화에 인생을 걸기엔 그만큼 그 일에 미치진 않았던 거 같아요. 방황을 끝내고 전공을 살려 디자인회사의 편집 디자이너로 사회생활을 본격적으로 시작했어요. 야근과 철야를 밥 먹듯이 반복하던 어느 날, 이래 가지고서는 더 이상 미래가 없겠구나 싶었죠. 무슨 일을 하든지 앞으로 내 일을 해야겠다고 막연하게 생각은 늘 해오던 차였어요."

 터닝 포인트를 앞두고선 한 가지만 생각하면 된다. 내가 무엇을 해야 행복할까. 나는 무엇을 해야 잘할 수 있을까. 당장이라도 무언가를 해야 할 시기였던 그에게 어린 시절부터 마음을 쏟

터닝 포인트를 앞두고선 한 가지만 생각하면 된다.
내가 무엇을 해야 행복할까.

　　　　　　　　　나는 무엇을 해야 잘 할 수 있을까.

언젠가는 나만의 공간에서
음식을 만들어보고 싶다는 바람을 늘 갖고 있었다.
그때가 이렇게 빨리 오게 될 줄은 몰랐지만.

아온 일, 요리가 떠올랐다. 어릴 적 부모님은 과수원을 운영하느라 항상 바빴고 집에서 누나, 여동생과 보내는 시간이 많았다. 주방을 드나드는 건 매우 자연스러운 일이었단다. 엄마가 해주던 찌개를 따라 끓인 것이 그가 한 첫 요리였다. 혼자서도 요리라는 걸 할 수 있는 나이가 되면서(그게 고작 초등학교 때다), 사람들을 집으로 초대해 음식을 해 먹이기 시작했다. 초등학교 시절이었나, 친구들을 불러 크로켓을 만들어 먹던 단상이 어렴풋이 기억에 남아 있다.

서울로 올라온 후에도 그의 자취방은 언제나 사람들로 들끓었다. 라면 한 그릇이라도 끝내주게 끓여내거나 그도 아니라면 숨은 맛집을 꿰뚫고 있는, 먹는 데 목숨 건 타입이었던 거다. 사람들과 맛있는 음식을 나눌 때 그는 가장 행복했다. 제대 후 복학 전까지 짬이 났을 때 제주도에서 벌인 떡볶이 포장마차는 어설프게나마 음식 사업의 초석이 되었다. 돌이켜보면, 언젠가는 나만의 공간에서 음식을 만들어보고 싶다는 바람을 늘 갖고 있었다. 그때가 이렇게 빨리 오게 될 줄은 몰랐지만.

요리와 음식으로 정면승부하겠다는 큰 가닥을 잡았지만, 마땅한 아이템을 찾는 일이 수월하지 않았다. 현지 음식점들과 차별성을 어떻게 가져갈 것인가를 연구했다. 관광객 위주로 돌아가는 한철 장사는 하고 싶지 않았다. 수많은 음식 중에서 피자를 택한 건 집요한 시장조사 끝에 사업 아이템으로 괜찮다는 판단에서였다. 제주도에서 아이를 둔 가족들과 커플들이 마땅히 갈 만한 데가 없으니, 피자집이라면 분명 승산이 있을 거 같았다. 회사를 다니면서 유일한 낙이 맛집 기행이었던 그는 서울의 유명 피자집에서 맛본 화덕 피자 맛을 잊을 수가 없었다. 느끼하지도, 부담스럽지도 않은 담백한 피자의 맛에 반해버렸던 기억을 떠올렸다.

"그때 먹었던 피자는 맛에 대한 선입견을 깨트렸어요. 정말 맛이 좋아서 단골이 되었고 요리를 좋아하는 사람으로서 한번 배워보고 싶었던 건데, 이제는 본업이 되었네요."

제주도 맛집은 횟집 아니면 고깃집이라는 편견은 그의 선택에 박차를 가하게 해주었다. 하나를 하더라도 남과 다르게 하고 싶다는 고집이 제주도에서 화덕 피자를 맛볼 수 있게 했다.

오키나와에서 발견한 제주의 무 한　가 능 성

"제주도의 발전 가능성을 보고 내려온 거지, 유유자적 신선놀음을 하고 싶어서가 아니에요. 자본주의사회에서 돈이 얼마나 중요한지를 알 만한 나이이기도 하고요. 요즘 하루에 12시간이 넘도록 일을 하고 있는데, 목표를 위해 차곡차곡 투자한다는 생각으로 힘을 내고 있어요."

 잘 모르는 사람들은 제주도에 정착했다 하면 으레 바쁜 도시를 떠나 여유로운 생활을 만끽하는 줄 알고 부러운 눈길로 쳐다보곤 한다. 그런데 정작 그가 제주를 택한 건 그런 감상적인 이유에서가 아니었다. 제주도가 가진 가능성에 대한 확신이 있었기에 모험을 감행한 것이다. 언제쯤 이런 확신이 들었을까. 20대 중반쯤 일본 오키나와로 떠난 여행에서 제주도의 가치를 막연하게나마 깨닫고 돌아왔다고 한다.

 "어느 거리였는데, 라이브 바가 길게 늘어선 골목에서 로컬밴드들이 고유의 색을 유지하며 독특한 음악을 선보이는 모습이 인상적이었어요. 그 풍경을 보는 순간, 내가 태어난 제주도에서도 충분히 멋진 문화공간이 만들어질 수 있지 않을까 싶더라고요. 평평한 대지에 바다밖에 보이지 않는 오키나와보다 산과 바다, 도시가 어우러진 제주도가 오히려 더 큰 가능성을 품고 있겠다 싶었어요. 오키나와에서 팥빙수를 팔면서 곳곳을 둘러봤는데, 언젠가 내가 제주도 특유의 로컬 문화를 만들어야겠다고 결심했죠. 촉이 선 사람들은 알 거예요. 제주도에서 꿈틀거리는 기운을요."

 마음속 깊은 곳에 제주도를 품고 있던 그에게 소설 〈남쪽으로

튀어)는 큰 자극이 되었다. 도쿄에서 카페를 운영하는 엄마와 오키나와 출신의 무정부주의자 아빠를 둔 초등학생 지로의 이야기를 그린 이 소설에는 무능력하고 사회 부적응자처럼 보였던 아빠가 자신의 신념으로 '남쪽으로 가자!'며 오키나와로 가족들을 이끌고 가는 모습이 나온다. 그 부분이 마치 자신이 서울에서 제주로 내려온 상황과 맞물려 감정이입이 되었단다.

이해할 수 없다는 남들의 시선을 뒤로하고 제주로 내려왔지만 그에게는 지로의 아빠와 같은 확신이 있다. 이 섬에서 나만의 비전을 펼쳐 보이겠다는, 열정 넘치는 목표가 말이다.

"삼십 대면 아직 하고 싶은 일들이 넘쳐나는 혈기왕성한 나이잖아요. 한 발짝 떨어져서 보니 포화상태가 된 서울이 아닌, 내가 태어나고 자란 제주도에 기회가 있다고 판단했어요. 서울 어딘가에서 피자집을 했다면 누가 알아주기나 하겠어요. 이게 다 제주도여서 가능한 일인 거 같아요."

다시 한 번 말하지만, 그는 감상적인 이유로, 현실 부적응자를 자처하며 제주에 내려온 게 아니다. 그에게는 성공을 위한 여러 가지 옵션 중 하나였을 뿐이다.

남들의 시선을 뒤로하고 제주로 내려왔지만
그에게는 확신이 있다.
이 섬에서 나만의 비전을 펼쳐 보이겠다는,
열정 넘치는 목표가 말이다.

내가 만든 공간, 내 가　만 든　요 리

지금 그가 운영하는 노형동에 위치한 피자집 자리는 원래 정수기 대리점이었다. 이곳을 선택한 건 서울로 치면, 분당이나 일산같이 어느 정도 경제적 여유가 있는 주민들이 모여 사는 지역이 가능성이 있다는 판단에서다. 도시에서 피자는 24시간 먹을 수 있을 정도로 일상화된 음식이지만 제주도는 다르다. 요즘에야 패스트푸드점이 점점 늘어나고 있지만, 화덕에서 굽는 피자는 경쟁자도 없었다. 머릿속에 떠오르는 공간 이미지를 하루빨리 보고 싶은 마음에 피자집 내부는 처음부터 끝까지 그의 손길을 거치지 않은 곳이 없다. 제주도에 방문하거나 살고 있는 이들에게서 맛을 검증할 수 없는 현지 음식점이 아니면, 트렌드와는 동떨어진 촌스러운 경양식집밖에 없다는 얘기를 귀담아 들었다. 여자들에게 민감한 사안인 화장실은 지저분하기 일쑤. 이런 점들을 고려해서 공간을 만들면 새로운 먹거리를 원하는 젊은 층에게 어필할 수 있을 거 같았다.

시각디자인과 영화 관련 일을 오랫동안 했던 경험을 살려 전기공사와 배수시설 이외의 모든 일은 직접 했다. 제주에서 좀처럼 볼 수 없는 세련된 감각의 간판이나 메뉴판, 명함 등의 디자인 역시 김병수가 손수 만든 것들. 돈도 돈이지만 까다로운 성격

도시에서 피자는 24시간
먹을 수 있을 정도로
일상화된 음식이지만
제주도는 다르다.

상업적인 공간이지만
따뜻한 감성이 묻어나도록
조명부터 소재까지
이만저만 신경 쓴 게 아니다.

탓도 있다. 상업적인 공간이지만 따뜻한 감성이 묻어나도록 조명부터 소재까지 이만저만 신경 쓴 게 아니다.

"어릴 때 즐겨 본 〈허클베리핀의 모험〉에서 영감을 받아 지인 두 명과 함께 세 달 동안 직접 망치와 톱을 들고 만들었어요. 인테리어가 지연되면서 그냥 내야 하는 가게 월세는 아까웠지만 이왕이면 마음에 드는 공간을 만들고 싶었어요. 나무로 만든 가구며, 빈티지한 소품이며 모두 직접 작업한 것들이에요. 가게는 모아둔 돈으로는 모자라서 대출을 약간 받았고요. 액수는 비밀인데 아주 많지는 않아요. 하하. 다행히 수익이 점점 증가하고 있어서 곧 갚을 수 있을 거 같아요."

비록 규모가 작은 가게지만 함께 일하는 직원 관리만큼은 철저하려고 노력한다. 앞으로 그가 펼쳐갈 일을 함께할 일원들을 살뜰히 챙기는 일이 중요하다는 걸 알고 있기 때문이다. 사장이 집에 가지 않으면 퇴근을 못했던 예전 기억을 떠올려 가능하면 그런 환경을 만들지 않으려고 애쓰고 있다. 회사를 그만둔 건, 아무리 발버둥 쳐도 내가 원하던 대로 바뀌지 않는다는 사실을 알고 있었고, 안 되는 일에 힘을 빼기보다 새로 판을 짜는 것이 빠르겠다고 판단했기 때문이었다.

회사를 때려치우고 창업을 계획하는 일이 여느 이들처럼 두렵

지 않았다면 거짓말일 거다. 하지만 김병수는 반복되는 일상 속에서 부속품처럼 느껴지는 수동적인 삶이 아닌, 스스로가 주도하는 삶에 가치를 두었다. 간혹 힘들고 지쳐서 그만두고 싶을 때도 타인이 아닌, 자신이 선택한 길이기에 묵묵히 견뎌내고 있다.

언젠가는 힐링센터를 만 들 고   싶 다
"제가 워낙 요리를 좋아해서 자연스럽게 사업 구상을 음식점으로 시작해서 그렇지, 정작 하고 싶은 건 도시에서 지친 사람들이 내려와 정신적인 스트레스를 해소할 수 있는 소박한 힐링센터를 만드는 것이에요. 처음부터 하지 그랬냐고요? 물론 그러고 싶었죠. 하지만 일을 벌일 만한 충분한 자본금이 없었어요. 길고 긴 인생, 하고 싶은 일을 위해 노력 한번 해보자 싶었죠."

피자집을 연 것이 남들에겐 먹고살기 위한 생업으로 보일지 모르지만, 그에게는 앞으로의 꿈을 위해 거쳐야만 하는 관문이다. 남부럽지 않은 유년시절을 보낸 그였지만, 아버지의 사업 실패는 알게 모르게 큰 상실감을 안겨주었다. 지금도 아버지의 왜소해진 뒷모습을 볼 때마다 하루빨리 예전의 귤 농장을 찾아드리고 싶다는 생각이 가득하다. 그에게는 꿈에 대한 열정이라는 무기가 있다. 목표를 향해 갈 때 과정은 건너뛰고, 무조건 결과만 향해 가다 보면 결국 시작과 함께 좌절하는 경우를 우리는 수 없이 보아왔다. 누구보다 현실적인 그는 자신의 꿈이 허무맹랑한 얘깃거리로 끝나지 않기를 바란다고 했다.

자신처럼, 혹은 당신처럼 치유가 필요한 이들이 편히 쉴 수 있는 힐링센터를 만든다는 일이, 자본금 하나 없는 그에겐 어림도 없는 이야기일 수도 있다. 하지만 김병수는 취미와 연결이 된 음식점 경영을 바탕으로 자신의 꿈을 향해 오늘도 고군분투 중이다. 그것도 막연히 어떻게든 되겠지라는 안일한 생각이 아닌, 적극적으로 현실에서 할 수 있는 일에 최선을 다하면서. 요리에 대한 애정과 끊임없는 레시피 연구는 기본, 한 번 오면 꼭 다시 오고 싶은 공간을 만들기 위해 끊임없이 고민하는 모습만 봐도 그렇다. 한 번에 갈 수 없다면, 한 단계씩 극복하겠다는 그의 의지가 느껴지는 대목이다.

화덕에 피자를 구울 수 있는 건 오직 그뿐이다. 언제나 마감을 하고 집에 가장 마지막에 가는 사람 또한 그다. 그렇게 김병수는 자신이 할 수 있는 최대한의 선에서 하루하루를 꽉꽉 채우며 살아가고 있다. 서울에서도 열심히 살지 않았던 건 아니었다. 하지만 그때는 대적할 수 없는 벽 앞에서 좌절하기 일쑤였고, 극복할 가능성이 없어보였다. 제주에서는 다르다. 제주에서는 꿈을 이

룰 수 있다는 확신이 그를 변화시켰다. 지금과 같다면 1~2년이 지난 후, 본격적으로 자신의 꿈에 더 가까이 다가서 있을 김병수의 모습이 저절로 그려진다.

선천적으로 행복과는 거리가 멀었던 버트런드 러셀Bertrand Russell은 〈행복의 정복〉에서 '자신이 원하는 것이 무엇인지 알아내는 것에서 행복은 시작된다'고 했다. 어차피 길지 않는 인생, 무엇을 망설이는가라고 하면 딱히 할 말은 없다. 하지만 남들과 다르게 사는 건 쉽지 않는 선택이다. 그래도 갈팡질팡하다가 시간을 보내는 건 좀 억울하다. 지금이라도 늦지 않았다. 인생은 순식간에 지나간다. 후회하지 않으려면 있는 힘껏 최선을 다하자. 우물쭈물하다간 본전도 못 찾는 게 인생이다.

남들과 다르게 사는 건 쉽지 않은 선택이다.
그래도 갈팡질팡하다가 시간을 보내는 건 좀 억울하다.
지금이라도 늦지 않았다.
인생은 순식간에 지나간다.

김병수의
제주살기

제주 창업, 대세만 따를 것인가

　창업을 할 때는 어디라도 너무 일반적인 아이템을 피하고 장소 물색에 신중해야 하는 법. 제주도에서 창업을 한다고 하면, 과거엔 횟집 아니면 고깃집, 요즘 젊은 사람들 사이에선 카페가 대세다. 특히 3040세대들이 제주도에 내려와서 가장 많이 하는 일이 바로 카페 운영이라고 보면 된다. 다른 업종에 비해 진입장벽이 낮은 편이라, 자본만 충당되면 언제라도 시작할 수 있기 때문이다. 하지만 문제는 나만 그렇게 생각하는 게 아니라는 거다. 내가 쉬우면 남들도 쉽다. 이미 제주도에 카페는 포화상태. 만약 카페를 차리려 한다 해도 특출한 무언가가 없다면 시작 전 고민해 봐야 한다. 물론, 수익을 생각하지 않는 자기만족은 제외겠지만 말이다.
　무작정 고민 없이 지르기보다는 번거롭더라도 시장조사와 현지 탐방을 거쳐야 한다. 그 후 자신의 사업 아이템과 주변 상권 및 지역의 라이

프 패턴을 분석하라. 김병수 역시 제주에서의 가능성은 감지했지만, 화덕 피자를 선보일 장소를 찾는 데 많은 시간을 흘려보내야 했다. 그중에서 노형동을 선택한 건 거주 주민의 성향을 파악한 뒤였다. 대학생이 많은 제주대 앞도 후보에 있었지만 피자의 가격대를 고려해 신혼부부와 외국인 거주자가 많은 노형동을 선택했다. 어느 정도 경제력이 있는 젊은 세대들이 화덕 피자를 소비할 대상이라는 판단에서 지역을 정하게 된 것이다. 피자집을 바닷가 앞 관광지 같은 곳에 차렸다고 생각해 보라. 지금처럼 분위기 있고 멋스러운 음식점의 모양새가 나올 수 있었을까. 사업 아이템과 장소의 궁합이 가장 중요하다는 게 김병수의 조언이다.

시각디자인과 영화 관련 일을 오랫동안 했던 경험을 살려
전기공사와 배수시설 이외의 모든 일은 직접 했다.
제주에서 좀처럼 볼 수 없는 세련된 감각의 간판이나
메뉴판, 명함 등의 디자인 역시 김병수가 손수 만든 것들.

나의 콘텐츠,

제주의

로컬 푸드

무엇보다도 더 나이가 들기 전에 지금의 일이 아닌
새로운 일을 해보고 싶었다.
새롭게 도전하는 일은 남들을 위한 것이 아닌
오로지 나 자신을 위한 그런 일이어야만 했다.
너무 늦게 은퇴를 하게 되면 시작하기 힘들어질 거 같아서
그녀는 모든 것을 뒤로하기로 마음을 먹었다.
그렇게 새로운 인생에 대한 청사진이 그려진 후,
여느 때처럼 기획서를 만들었다.
이번에는 남들에게 보이기 위함이 아닌
오직 자신을 위해서라는 게 달랐다.

Name	정희경
Age	50대 초반
Job	샐러드앤미미 오너 & 라이프 콘텐츠 기획자
Since	2011년 11월
In Seoul	유기농 식재료만을 사용하는 샐러드 레스토랑 샐러드앤미미를 청담동에서 운영하며 두 번째 인생을 살던 전직 콘텐츠 기획 프로듀서
In Jeju	샐러드앤미미를 제주로 옮겨와 즉석에서 로컬 푸드를 활용하는 재미를 새로이 느끼며, 자신의 삶에 집중하는 라이프 콘텐츠 기획자

언젠가 일을 그만두고 나만의 일을 하게 된다면, 사람들이 한자리에 모일 수 있는 장소가 일을 벌이기에 좋을 것 같았다. 수많은 일 중 요식업이 그 연결선상에 있다고 판단한 정희경은 이름만 대면 알 만한 굴지의 기업 이사라는 직함을 버리고 유기농과 로컬 푸드를 콘셉트로 하는 레스토랑을 청담동에 오픈했다. 누구나 부러워할 만한 커리어를 가지고 있는 그녀가 모든 걸 뒤로한 채, 제주도로 내려온 건 그야말로 복합적인 이유에서였다. 2년 전, 예전 같이 생기 넘치는 일들로 분주하기보다는 책상머리를 지키고 있는 날들이 잦아지자 결심했던 바로 그때처럼. 그리고 2011년 가을 또다시 선택의 기로에 놓인 정희경은 새로운 길을 찾아 나섰다. 청담동의 가장 핫한 레스토랑을 운영하던 그녀가 갑작스럽게 모든 터전을 제주도로 옮긴 것이다. 그 이유는 무엇일까. 그녀에게는 과연 어떤 일이 일어난 걸까?

홍콩과 뉴욕, 서울을 거쳐 제 주 에　오 기 까 지
그녀에게 도시는 태어난 순간부터 그 울타리를 벗어난 적이 없는 고향 같은 곳이다. 단 한 번도 도시를 떠나 살아가는 걸 생각조차 해본 적이 없었기에 그녀의 제주행은 아마도 쉽지 않는 선택이었음을 짐작할 수 있다.

"전 그야말로 태생적으로 도시적인 마인드를 갖고 있어요. 홍콩과 뉴욕에서 공부를 할 때도 늘 곁에는 차와 사람들로 가득했었죠. 서울도 마찬가지고요. 그런 제가 제주에, 그것도 도시가 아닌 산 중턱으로 거처를 옮긴다고 하니 저를 아는 모든 사람들이 의아해하더군요. 그러나 굳이 이곳을 선택한 이유는 제가 가진 콘텐츠의 성격이 제주와 어울려서이지 반드시 제주에 와야겠다고 작정한 건 아니었어요. 지금 살고 있는 곳도 제주공항과 시내에서 가까운 편인데 아마 저의 그런 도시적 습성이 남아 있어서 일 거예요. 도시에서의 습성을 완전히 버리거나 고치지 않아도 되는 장소를 찾는 것이 제일 중요했어요."

도시 생활과 문화에 익숙한 그녀가 아무리 나이 들었다 한들, 시내와 멀리 떨어진 곳에서 사는 건 불가능한 일. 그 기질을 너무나 잘 알고 있는 정희경이 넓디 넓은 제주도에서 도시 유전자를 흡족시킬 만한 장소를 찾는 건 보통 일이 아니었다. 공항과 도심에서 가까운 곳을 찾다 보니 서귀포시보다는 제주시여야 했고, 샐러드 재료를 위한 텃밭을 일구기에는 바다보다는 산 근처가 알맞은 곳이었다. 자신의 콘텐츠 성격에 맞아야 하고, 도시생활 반경 안에 속해 있어야 할 것, 게다가 한정된 예산으로 이 모든 걸 해결하기 위해 그녀는 백방으로 수소문했다. 그렇게 찾아

공항과 도심에서 가까운 곳을 찾다 보니
서귀포시보다는 제주시여야 했고,
샐러드 재료를 위한 텃밭을 일구기에는
바다보다는 산 근처가 알맞은 곳이었다.

낸 몇 안 되는 후보지 중에서 유수암리 애월읍, 지금의 '샐러드 앤미미'가 위치한 곳이 낙점되었다.

관광이 아니라, 비즈니스적인 시각으로 바라본 제주는 또 다른 모습으로 다가왔다. 시장이 얼마나 가까운지, 계절마다 신선하게 내놓을 수 있는 식재료는 무엇인지, 손님들의 유형은 어떤지 등등. 여행자였다면 일말의 관심조차 두지도 않았을 그런 요소들이 선택의 기준이 된 것이다.

위기를 기회로 만든 건 콘 텐 츠 에 대 한 확 신
청담동에서 한창 잘 운영하고 있던 레스토랑을 정리하고 제주로 옮겨온 건 어떤 신념이나 낭만적인 이유 때문이 아니었다. 입소문도 나고, 단골도 늘어나는 시점에서 가게를 옮긴다는 건 쉽지 않은 결정이었을 터. 게다가 다른 곳도 아니고 제주라니, 누가 봐도 담대하고도 획기적인 결정이 아니었을까.

"콘텐츠 프로듀서로 한창 일을 할 때였어요. 한 6~7년 전쯤인가 제주에서 큰 프로젝트를 진행하면서 여기를 자주 찾게 되었죠. 그때 아직 손이 덜 탄 제주를 보면서 언젠간 이곳에 내려와서 살아야겠다는 막연한 생각을 했었거든요. 그때만 해도 무얼 하겠다는 구체적인 계획은 없었어요. 그냥 프로젝트를 진행하며 팀원과 지인들이 모아온 자료를 통해 제주도의 진면목을 접하면서 참 매력적인 곳이라는 생각만 어렴풋이 제 마음속에 자리 잡았던 정도였어요."

오랜 기억을 끄집어내게 된 건 어쩔 수 없는 세입자의 숙명 때문이었다. 엄청나게 올라버린 청담동의 임대료가 가장 큰 역할을 했다. 청담동에서 둥지를 튼 지 2년쯤 되었을 때, 아니나 다를까 가게를 비워달라는 건물주의 요청이 있었다. '그냥 올라버린 임대료를 지불해야 하나? 근처 다른 곳으로 이전해야 하나?' 하지만 2년 뒤에는 분명히 지금 같은 일이 반복될 것이 불 보듯 뻔했다. 인건비와 발렛주차 관리비, 식재료비, 기타 비용, 인테리어 투자비를 모두 빼면 순수익은 미미한 수준이었다.

"그럼에도 청담동에서 시작한 건 트렌드에 가장 민감한 사람들이 모여 있는 지역이었기 때문이에요. 여기서 인정받으면 어디 가서라도 망하지는 않겠지 싶은 저만의 전략이었습니다. 그러나 청담동에서 장사하는 게 경제적으로 여간 힘든 게 아니다 보니 마음 한구석엔 언젠가는 여길 벗어나야지 하는 생각이 늘 있었지요. 그런데 임대료 때문에 그 시기가 닥친 거예요. 어차피 제주도에 내려갈 거라면 지금이 바로 그때다 싶었고요."

자영업자 대부분이 돈 벌어서 건물주 좋은 일 시키고, 세금 내

정희경의 콘텐츠인 '샐러드'하면
떠오르는 단상들이 제주도만큼
어울리는 곳이 또 있을까.
우연한 기회에 접한 제주도는
몇 년이 지난 후,
그녀가 하고 싶은 일과
연결선상에 놓이게 되었다.

면 정작 자신에게 남는 건 많지 않다. 과연 내 모든 시간과 능력을 다 쏟아부을 만큼 이 일이 좋은가라는 회의가 들었다는 그녀는 제주로 이주한 후 경제적으로나 심리적으로 안정되면서 이전보다 훨씬 여유로워졌다고 한다. 물질적으로 쫓기지 않으니 내실을 강화할 수 있는 발판을 만들어야겠단 생각으로 자연스레 연결이 되었다. 정희경의 콘텐츠인 '샐러드'하면 떠오르는 단상들이 제주도만큼 어울리는 곳이 또 있을까. 우연한 기회에 접한 제주도는 몇 년이 지난 후, 그녀가 하고 싶은 일과 연결선상에 놓이게 되었다. 어찌 보면 보통사람들과는 다른 역발상이 제 옷을 입은 것처럼 꼭 맞게 된 셈이다.

혼자여서 떠나오기가 어 렵 지 않 았 다
"외국에서 공부하고 돌아와서 회사에서 임원직까지 올라갔고, 더 이상 커리어에 대한 의미가 희미해질 시점이었어요. 그런저런 이유로 새로운 일을 해보자 싶었던 게 샐러드 레스토랑이었는데, 갑자기 가게를 옮겨야 할 상황이 온 거예요. 수중에 돈도 그리 많지 않다 보니 서울보다는 다른 지역으로 눈을 돌리게 된 거고요. 무엇보다 나이가 들기도 했고. 어려서부터 자주 이사를 했기 때문에 짐을 싸서 거주지를 옮긴다는 게 다른 사람들보다

어려운 선택은 아니었던 거 같아요. 이혼한 후 혼자 살고 있어 남편의 동의를 얻을 필요도 없었고, 딸도 대학을 졸업했으니 아이들의 교육문제가 걸리는 것도 아니고, 오직 내 선택만 있으면 되는 문제였거든요."

담담하게 자신의 개인사를 풀어가는 그녀.

"얼마 후면 제가 그동안 개인 블로그에 정리했던 딸아이에게 보내는 편지를 엮은 책이 나올 예정이에요. 자라나는 시기에 함께하지 못했던 딸을 위해 하고 싶은 이야기를 블로그에 끄적거렸던 내용들이지요. 진짜 소소하고 잔소리 같은 이야기예요. 이런 남자는 별로더라, 이불을 개킬 때는 이렇게 해라, 외할머니가 알려준 음식 비법은 바로 이거란다… 뭐 이런 것들이요. 출간할 계획은 아니었는데, 짧은 글들이 모여 어찌어찌 하다 보니 한 권의 책으로 나오게 되었어요. 그래서 아무리 바빠도 제주에서 샐러드앤미미를 만들어가는 과정도 어느 하나 빠트리지 않고 남김없이 기록하려고 해요. 이것들도 모이면 나만의 콘텐츠가 될 테니까요. 그래서 요즘 정말 눈코 뜰 새 없이 바쁜데도 그냥 순간순간을 흘려보내지 않으려고 자료들을 빠짐없이 챙기고 있어요."

혼자여서, 제주여서 불편한 점이 있다면 몸이 힘들다는 것이다. 그리고 모든 일을 혼자서 책임지고 해야 한다는 것도 그렇

제주에서
샐러드앤미미를 만들어가는 과정도
어느 하나 빠트리지 않고 남김 없이 기록하려고 해요.
이것들도 모이면 나만의 콘텐츠가 될 테니까요.

다. 도시처럼 필요한 걸 즉시 취할 수 없는 제주에서는 가전제품 하나 고치거나 양념 하나 사러 가는 일상적인 일조차 번거로운 게 한두 가지가 아니다. 일만 해도 그렇다. 그전에는 회사에서 조직 단위로 나눠 했던 일들을 지금은 혼자 감당해야 한다. 무엇보다 모든 것이 내 책임이니 보이지 않는 것까지 일일이 신경을 써야 한다. 회사에서 실수하면 시말서를 쓰면 끝이지만, 지금은 모든 것이 엉망진창이 되거나 수포로 돌아갈 수도 있는 위험요소를 온전히 떠안고 살아가고 있다.

"저는 회사를 다닐 때도 재밌게 일했어요. 많은 사람들과 어울릴 수 있고 큰 비전을 품고 일할 때의 희열이란…. 혼자일 때는 한계가 있지만 회사를 통해서는 날개를 달고 더 멀리 날 수 있었던 거지요. 요즘 사람들은 무조건 자기 일만을 하고 싶어 하고, 회사는 구속만 한다는 편견을 가지고 있는 게 안타까워요. 제가 지금 이렇게 내 일을 할 수 있는 것도 회사에서 배운 일들 덕분이다 싶은 적이 한두 번이 아니에요. 아마 회사생활을 하지 않았더라면 결코 배우지 못했을 거에요."

다양한 경험과 오랜 시간에 걸친 노하우가 있었기에 남들이 두려워할 일을 그녀는 머뭇거리지 않고 단박에 해낸 것인지도 모르겠다.

평화로운 풍경 속 치열한 일상

목적이 확실한 덕에 한 달 만에 모든 준비가 이루어졌다. 정희경의 목적은 정확했다. 샐러드앤미미가 어떤 공간에 안착하면 가장 잘 어울릴까, 바로 그게 핵심이었던 것이다. 레스토랑을 꾸미는 일은 의외로 쉽게 마무리됐다.

"원래 귤 저장창고로 사용되었던 곳을 그대로 활용해 샐러드앤미미를 만들었어요. 제한된 예산 안에서의 선택권이 크지 않아서 최대한 가지고 있는 것, 할 수 있는 것들을 취사해야 했죠. 지금 내부에 있는 가구며 소품들 모두 청담동에 있던 것들을 고스란히 옮겨온 거예요. 아무리 제주도라지만 기본적인 제 취향이나 성격은 크게 변하지 않더라고요. 근데 그것들이 제주라는 공간적 특성과 만나 독특한 느낌을 만들어내는 것 같아요."

샐러드앤미미가 청담동에 있을 때와 다른 점을 든다면 공간 자체가 여유를 머금은 사실이다. 널찍한 공간에는 테이블 몇 개가 자유롭게, 각기 다른 모습으로 놓여 있다. 손님 한 명이라도 놓치지 않으려고 지나가는 통로도 없이 테이블로만 빽빽하게 들어찼던 서울에서의 공간과는 거리가 멀다. 주방은 열 사람도 족히 들어갈 만큼 넉넉한 크기로 만들었다. 카운터 앞쪽에는 직접 담그거나 만든 유기농 잼이나 소스를 진열해 놓고 판다. 벽면 한

따사로운 햇살 아래,
평화로운 일상이 떠오르는
이 공간을 유지하기 위해
정희경은 고단하고 분주한
하루하루를 보내고 있다.

편에는 친분이 있는 아티스트의 아기자기한 소품을 판매하는 코너를 마련했고, 그 옆에 마로니에북스 컬렉션을 보기 좋게 배치했다. 따사로운 햇살 아래, 평화로운 일상이 떠오르는 이 공간을 유지하기 위해 정희경은 고단하고 분주한 하루하루를 보내고 있다.

"아침에 일어나서 시장에 들렀다가 가게로 돌아와 장사하고, 끝나면 집에 가서 자고…. 그런 일들의 반복이에요. 장사를 한다는 게 쉽지 않아요. 자기 시간은 거의 없다고 봐야 해요. 가게를 열었는데 여유롭다는 건 말도 안 돼요."

물 좋고 공기 맑은 청정 지역 제주에 내려와 있으니 건강도 덩달아 좋아질 것 같지만 꼭 그렇지만도 않다고 한다.

"아무래도 식당을 운영하다 보니 남들 밥 먹는 시간에 못 챙겨 먹어요. 아침을 놓치면 첫 끼를 보통 3~4시에 먹게 돼요. 몰려드는 손님들로 정신이 없는 주말에는 저녁 8시에 첫 식사를 한 적도 있어요. 식당을 하려면 상당한 체력적인 소모를 각오해야 해요."

샐러드앤미미의 겉모습은 한없이 평화로운 그림 속 풍경이지만, 이면에는 우리가 모르는 치열함이 존재한다. 회사를 다니거나 자영업을 하거나, 서울이거나 제주이거나 변한 건 없다. 그 사람의 삶의 자세는 생활 전반에 그대로 반영될 수 밖에. 서울에서 게을렀던 사람이 제주에 왔다고 갑자기 부지런해지며 개과천선하는 건 아닐 테니까 말이다.

"몇 년 전까지만 해도 커피 한 잔 마시려고 해도 카페 찾기가 얼마나 어려웠는지 몰라요. 지금은 카페가 제주 곳곳에 들어섰지만 만족스러운 커피를 내놓는 곳이 얼마나 될까 싶어요. 손님을 상대하는 일을 하려면 당연히 전문가가 되어야 하지 않을까요? 그래서 저 역시도 스스로를 채근하게 돼요. 음식의 밸런스를 꾸준히 유지하고 고객들을 만족시키는 일이 바로 저의 자존심을 지키는 일이니까요."

그런 깐깐한 성격 탓에 아직까지 제주도에서 개인 시간을 가져본 적이 없다. 어느 정도 공간이 제 모습을 갖추어서 한숨 돌릴 만도 한데, 요즘에는 레시피를 현지화하는 일에 한창이다. 그녀만의 콘텐츠, 즉 제주의 로컬 푸드를 활용해 유기농 그린 테이블을 실현하는 일이 제대로 빛을 발하게 하기 위해 지금 다양한 시도를 진행 중이다.

"콘셉트나 카테고리는 동일하지만 디테일이 달라졌다고 보면 돼요. 샐러드라는 기본 콘셉트는 유지하되, 재료에 대한 부분은 확장된거죠. 제주에 내려와서 다른 지역의 특산물로 요리를 하

널찍한 공간에는 테이블 몇 개가 자유롭게,
각기 다른 모습으로 놓여 있다. 손님 한 명이라도
놓치지 않으려고 지나가는 통로도 없이 테이블로만
빽빽하게 들어찼던 서울에서의 공간과는 거리가 멀다.

는 건 말이 안 되니까요. 아마 지리산이나 강원도 쪽이면 또 다른 레시피가 만들어졌겠죠."

로컬 푸드가 지천에 깔린 이곳 현지인들의 입맛을 사로잡는 것도 관건이다. 정희경은 테이블세팅이나 공간 인테리어 등에 감각적인 요소를 더해 다른 맛집이나 로컬 푸드 음식점과 차별화하는 전략을 세웠다. 같은 재료도 그녀의 손길이 더해지면 어떤 모습으로 재탄생될지 벌써부터 궁금해진다.

환상의 섬 vs 삶 의   터 전

제주도민이 된 지 불과 3개월이 된 정희경은 집과 땅을 알아보면서 무척이나 놀랐다고 한다. 매년 엄청나게 부동산 시세가 오르고 있어서다.

"도시사람들이 이런 현상에 일조한 부분이 있는 거 같아요. 새로운 시작을 한다는 생각으로 사람들이 심리적으로 붕 떠 있는 상태가 되잖아요. 재산을 어느 정도 정리하고 수중에 목돈이 생기니 객관성을 잃게 되는 경향이 있어요. 저도 나름 제주도에 대해 어느 정도 조사를 하고 내려왔다고 생각했는데 비싸게 구입한 축에 속해요. 내가 사지 않아도 다른 사람들은 그렇지 않으니 어쩔 수 없더라고요."

그녀만의 콘텐츠,
즉 제주의 로컬 푸드를 활용해
유기농 그린 테이블을 실현하는 일이
제대로 빛을 발하게 하기 위해
지금 다양한 시도를 진행 중이다.

언제부턴가 제주도가 하나의 대안으로 여겨지면서, 서울보다 싼 부동산 시세에 혹해서 구입하는 사람들로 인해 현지 시세와 상관없이 부르는 게 값이 되어버리는 악순환이 진행되고 있다. 현 시세를 제대로 알아보지 않고 서울에 비해 싸다며 앞뒤 생각 없이 구입하고 지른 탓이다. 그럴수록 나중에 내려오는 사람들은 불리해질 수밖에 없다.

"지난 몇 년 새 제주도가 바뀌어도 너무 바뀌어버렸어요. 도시사람들이 좋아하는 요소들이 엄청 생겨났지요. 그런데 제주도는 꾸며서 좋은 땅이 아니라 있는 자체가 아름다운 곳이잖아요?"

제주 전체의 이미지를 고려하지 않고 인위적으로, 무턱대고 생겨나는 상업공간에 따끔한 일침을 가한다.

"제주도에 대한 애틋한 추억을 떠올린다면 그냥 추억으로 남기라고 얘기해 주고 싶어요. 이곳에서의 정착을 각오한다 해도 그것보다 훨씬 더 힘든 순간들과 직면하게 될 거예요. 예상치 못했던 현실적인 부분들이 도처에 널려 있고, 그걸 책임질 사람은 자신밖에 없으니까요. 제주에 낭만과 환상을 품은 사람들이 동질감을 얻고 싶어하겠지만, 전 솔직히 아직 얼마 안 돼서 그런지 잘 모르겠어요. 감상적인 이유보다는 현실적인 이유가 더 크게 느껴져요."

　제주도라서 내려오기보다는 자기가 하고 싶은 일을 제주도에서 한다는 생각으로 이곳에 발을 디뎌야 후회가 없다고 조언한다. 그녀는 지금 샐러드앤미미가 질 좋은 음식과 편안한 공간, 주인이나 손님 모두가 긴장을 풀 수 있는 곳이 된다면 더 이상 바랄 게 없다. 정희경의 꿈은 소박하지만, 왠지 실현 가능할 것 같다는 생각이 든다. 그 누구보다 자신의 일에 확신이 있고 믿음이 가는 그녀이기에.

**정희경의
제주살기**

자신만의 콘텐츠를 만들어야 살 아 남 는 다 !

　많은 이들이 제주를 현실에서 벗어나고 싶을 때 입버릇처럼 말하는 도피처 중 하나로 치부해 버리는 경우가 많다. "제주도에나 내려가지 뭐!" 이런 사람들은 대부분 제주도에 내려온다 해도 얼마 버티지 못하기 마련이다. 정희경은 자신 또한 제주도에 내려온 지 반년도 안 된 시점에서 섣부른 감이 없진 않지만, 많은 이들이 현실적인 문제를 배제하고 환상에 사로잡혀 있는 광경을 자주 목격했다고 한다. 적어도 거주지를 옮기는 중요한 일인 만큼, 자신이 제주도에 내려와서 할 일에 대한 신중하고도 진지한 고민이 필요하다. 물론, 먹고살 걱정이 없다면 아무 일도 하지 않고 살아도 된다. 돈이 많으면 제주가 아니라 서울, 뉴욕, 파리 그 어떤 곳이라도 무슨 상관이랴. 그러나 먹고살기 위해 부단히 노력해야 하는 건 순리다. 그 방법이야 사람마다 달라질 순 있지만, 어찌 됐든 '열심히 살

아야 한다'라는 전제만큼은 동일하게 부여된다. '제주니까 괜찮겠지'라는 안일한 생각부터 바꾸지 않으면 안 된다. 제주라서 하고 싶은 것, 제주니까 할 수 있는 것을 찾아 나가는 수고를 아끼지 말아야 한다. 무엇보다 중요한 건 자신이 하고 싶은 일에 대한 확신과 신념이다. 이곳에 와서 정하는 것도 괜찮다. 하지만 그건 그만큼 절실하게 무언가를 하고 싶은 게 없다는 말과 같다. 적어도 무얼 할 것인가에 대한 철저한 분석이 필요하다. 자신이 하고자 하는 콘텐츠만 확고하다면 특출난 마케팅이나 번뜩이는 아이디어가 없어도 살아남을 수 있다.

샐러드앤미미의 겉모습은 한없이 평화로운 그림 속 풍경이지만,
이면에는 우리가 모르는 치열함이 존재한다.
회사를 다니거나 자영업을 하거나, 서울이거나 제주이거나 변한 건 없다.
그 사람의 삶의 자세는 생활 전반에 그대로 반영될 수 밖에.

#2
평범한 직장인, 바로 우리의 이야기

―

일주일 내내 빠지지 않고 야근을 한 당신, 밀린 잠을 자느라 하루가 다 가버린 주말, 상사 때문에 하루에도 몇 번이고 터질 것만 같은 울화통…. 그래도 다 괜찮다. 사랑하는 가족과 평생 직장이라는 보장만 있다면야. 슬프지만 이토록 소박한 바람도 사치가 돼버린 지 오래다. 세상만사 내 뜻대로 되는 일이 얼마나 있을까라는 자조적인 읊조림이 절로 나온다. 더 이상 버틸 힘이 없어 나가떨어질 지경이라면 잠시 도시를 벗어나 한 템포 천천히 가는 법을 권한다. 제주는 그런 당신에게 뜻밖의 일상을 선물해 줄 것이다. 여기, 도시생활을 뒤로하고 남쪽으로 내려온 사람들처럼.

농사짓기,

그 황홀함에

대하여

'당장이라도 회사를 때려치우고 싶다'고
연신 입버릇처럼 말하던 평범한 직장인 이현수.
그는 자신이 원하는 삶을 단지 꿈으로만 여기지 않고
실제로 이루기 위해 일생일대의 모험을 감행했다.
여태껏 살아오면서 단 한 번도 도시를 떠나본 적이 없던
그가 농부가 되기로 마음먹은 것!
새벽 동트기 직전이면 부지런히 들에 일하러 나가야 하고,
해가 지면 돌아와 쉬는 생활이 따분할 것 같다는 편견은
부디 버리길. 긴장과 불안에서 벗어나,
고요한 생활이 주는 평화로움을 만끽하고,
내 손으로 무언가를 만들어가는 창조적인 삶.
농부 이현수의 일상을 들여다보면 우리의 편견은
휴지 조각이 되어버린다.

Name	이현수
Age	40대 초반
Job	해피귤 감귤 농장 농부
Since	2010년 8월
In Seoul	늘 숨이 턱 막힐 것 같은 불안감 속에서 허우적거리는 10년 차 직장인
In Jeju	1차 산업인 감귤농사가 주는 원초적인 즐거움에 매료된 농부

아무리 쉬운 일도 마음이 편치 않으면 고역이다. 어쩔 수 없이 하기 싫은 일도 해야 한다면 더더욱 그렇다. 서른 즈음부터 회사를 그만 다니고 싶은 충동에 시달렸던 이현수는 서른아홉에 이르러 그런 마음이 최고조에 이르렀다. 그가 대리에서 과장, 차장으로 순탄한 직장생활 10년 차를 이어가던 무렵이었다. '소위 형편이 더 낫다는 현대인들이 인류 역사의 그 어느 때보다도 물질적인 고난을 두려워하고 있다'는 윌리엄 제임스William James의 말처럼 늘 앞날에 대한 불안에 시달려온 그는 어리숙한 사회초년생 시절을 지난 이후부터 자신이 출세와 성공과는 거리가 멀다는 걸 일찌감치 알아차렸다.

그렇다고 딱히 그럴듯한 대안이 있는 건 아니었다. 대한민국 평균치 남자라면 누구나 그러하듯 경쟁과 스펙이라는 잣대에 억지로 몸을 끼워 맞춰 살아갈 수밖에 없었다. 경쟁사회에서 한발 물러나 돈에 대한 욕심을 버리는 사람들을 야심 없고 무능한 사람이라고 지레 치부해 버리는 세상에 맞설 용기가 그에겐 없었던 것이다. 그렇게 10년이라는 세월이 지났고, 그는 더 이상 머뭇거릴 수 없었다. 오랜 시간을 벼른 끝에 제주도 작은 시골마을로의 귀농을 구체적으로 준비하기 시작한 것. 감귤농사를 짓기 위해 귀농을 하겠다는 그의 갑작스러운 결심을 남들은 도저

귀농을 하겠다는 그의 갑작스러운 결심을
남들은 도저히 이해할 수 없었지만
이현수와 그의 아내 김현정은 개의치 않았다.
그저 더 늦기 전에 지금의 불안함에서
벗어날 수만 있다면 더는 바랄 게 없었다.

히 이해할 수 없었지만 이현수와 그의 아내 김현정은 개의치 않았다. 그저 더 늦기 전에 지금의 불안함에서 벗어날 수만 있다면 더는 바랄 게 없었다.

마음의 준비만 1 0 년 을   해 오 다
제주에 오기 전, 주말이나 조금이라도 여유시간이 생기면 부부는 전국 방방곡곡을 돌아다녔다. 지금 당장 어떤 결론을 내리겠다는 마음에서가 아니라 그저 휴식을 겸한 준비과정에 가까웠다. 언제 떠날 것이라는 구체적인 계획이 따로 있었던 건 아니었다. 평일 직장생활에서 받은 스트레스를 푸는 나름의 방식이었다. 덕분에 알게 모르게 10년 가까이 마음에 늘 품고 있던 귀농생활을 준비해 온 것이나 다름없었다. 그들의 발길은 언제나 남쪽을 향해 있었다. 낯선 땅에서 살아가려면 추운 곳보다는 따뜻한 곳이 좋겠다는 단순한 이유에서였다. 또 다른 대안으로 고려했던 이민을 준비했을 때도 피지나 발리 같은 휴양지를 우선순위로 두었던 것도 마찬가지. 귀농과 이민을 알아보던 이들이 결국 귀농을 택한 건 어느 정도는 현실과 타협을 한 결과였다.

그날도 어김없이 회사에서 밀린 업무처리에 정신이 없었다. 친정엄마와 제주도로 여행을 떠난 부인 김현정에게서 컬러 메일이 날아왔다. 평화로운 느낌이 드는 낡은 창고가 배경이 된 메일을 보자마자 30분 뒤 "우리 그거 사자!"라는 답장을 보냈다. 아내의 메일을 보는 순간, 머릿속에 상상만 해왔던 집의 모양이 너무도 선명히 구체적으로 떠올랐다. 주변은 나무로 둘러싸여 있고, 앞마당에는 자갈이 깔린 정원이 펼쳐진 소박한 단층 주택. 막연하게 기다리고 또 기다리던 그 '때'가 드디어 온 것이다. 한 치의 망설임도 없이 부부는 서둘러 계약을 마쳤다. 막상 계약은 했지만 모든 것이 이렇게 빨리 일사천리로 진행될 줄은 그들도 몰랐다. 하루 이틀 그러다 말겠지 싶었건만 3주가 지나도록 머릿속에서 '사표를 내자! 한 번 사는 인생 이렇게 살아야 할까? 내가 지금 진짜 행복한가? 나중에 도전할 수 있을까?'라는 생각이 멈추질 않았다.

인생을 80살까지 산다고 가정해 봤을 때, 그 절반이 지나가버린 바로 지금 이 시점이 새로운 기회가 될 것 같았다. 인생의 반을 직장인으로 살았으니 나머지는 내 맘대로 살고 싶었다. 아파트를 처분하고, 주변 정리를 보름 동안 후딱 해치웠다. 아무래도 지금 이 기회를 놓치면 귀농의 꿈은 영영 멀어질 것만 같은 두려움에서였다. 이들 부부의 이 같은 행동이 즉흥적인 선택으로 보였는지 주변의 만류도 상당했다. 하지만 이들에겐 10년을 기다리고 또 기다려온 일이었다. 정년퇴임 후 과수원을 운영하시는 부모님을 곁에서 고스란히 지켜보며 자란 이현정은 농사가 결코 만만치 않은 일이라는 걸 어렸을 때부터 알았지만 농부가 되겠다는 남편을 말릴 재간이 없었다. 멀쩡한 회사를 잘 다니던 남편이 회사를 그만둔다고 하면 한 번쯤 반대라도 할 법한데, 부인은 그저 묵묵히 지켜보기만 할 뿐이었다. 가만히 앉아 마음의 병이 깊어지는 남편을 더 이상 볼 수는 없었다.

농부가 되기 위한 고 군 분 투 기

자료 수집과 현지답사를 통해 오랫동안 귀농에 대한 마음의 준비를 하고 있었지만 현실은 또 달랐다. 무작정 귀농을 하겠다는 생각만 있었을 뿐, 어떻게 먹고살지, 무엇을 할지에 대한 구체적인 계획과 판단은 아직 세우지 않은 상태였던 것. 일반적으로 준비를 다 끝내놓은 후 정착지를 정하는 게 순서였지만 미처 거기까지 생각할 겨를이 없었다. 그저 막연하게 도시를 떠나 전원에서 농사를 짓고 싶다는 정도로 단순했다.

"농사보다는 관광이 주 수입원인 제주도는 다른 지역에 비하면 귀농을 반기지 않더라고요. 아무래도 경쟁자가 많아지게 돼서 그런 거 같아요. 그래도 전 운이 좋았던 게 집을 계약하자마

귀농교육을 받기는 했지만 이론 수업이 대부분이었고,
직접 경험하지 않으면 알 수 없는 일들은
어찌나 많은지 아직도 배워 나가는 중이다.

사람들의 편견 중 하나가 바로
시골에서 농사짓는 일이 마냥 한가로울 것이라는 생각이다.
그러나 농부도 직장인 못지않게,
아니 오히려 더 규칙적인 생활을 해야 한다.

자 때마침 귀농농촌교육1기 출범이 보름 뒤 있어서 그 덕을 톡톡히 봤어요. 타이밍이 잘 맞았던 거죠. 그전에는 대부분 인터넷을 통해서 정보를 얻는 게 전부였으니까요."

그렇게 서울생활을 서둘러 정리하고 엉겁결에 농부로서의 삶에 첫발을 디딘 이현수는 교육을 받으면서 제주생활을 하나씩 구체화시켰다. 감귤농사가 제주 경제를 이끌고 있다는 사실을, 하우스 농사도 1,000평 정도 경작하려면 1억 원 정도가 소요된다는 사실을 그때서야 알았다. 교육이 끝나갈 즈음, 산업 전반에 관한 정보를 가장 쉽게 얻을 수 있고, 다른 농사에 비해 손이 덜 가는 감귤농사를 짓기로 마음먹었다.

"당시 교육을 같이 받았던 동기 중 30~40% 정도만 남아 있어요. 저처럼 귤농사 하는 분도 있고, 우도에서 땅콩을 재배하는 분도 계세요. 제주도가 은근히 크고 하루 일과가 빠듯하다 보니 자주는 만나지 못해요."

사람들의 편견 중 하나가 바로 시골에서 농사짓는 일이 마냥 한가로울 것이라는 생각이다. 그러나 농부도 직장인 못지않게, 아니 오히려 더 규칙적인 생활을 해야 한다. 새벽 6시 기상과 함께 씻고, 아침 식사를 하고, 집 안 정리를 하고 나면 9시 반부터 농사일이 어김없이 시작된다. 요령을 피우고 싶어도 일이 밀리면 오랜 시간 공들인 농사가 한순간에 물거품이 돼버리니 그럴 수도 없는 노릇. 매일매일 손 가는 일이 얼마나 많은지 셀 수 없을 정도다. 3월과 11월 빼고는 보름에서 한 달 주기로 업무가 돌아간다. 묘목 관리에서부터 풀을 베고, 퇴비를 주고, 소독하는 패턴이 주기에 따라 반복되는데 여간 고단한 일이 아니라며 손사래를 친다. 뒤늦게 시작한 만큼 다른 이들과 차별성을 두기 위해 친환경 방식을 고수하는 것도 고단 발품을 파는 데 한몫한다.

"무엇보다 힘든 건 육체적인 노동이에요. 뭐든 직접 해야 하니까요. 몸을 쓰는 일을 한 적이 없는 저 같은 사람에겐 여간 힘든 일이 아니에요. 그래도 스트레스 받지 않고 규칙적인 생활을 하는 덕분에 만나는 사람마다 얼굴이 좋아졌다고들 한마디씩 하세요."

귀농교육을 받기는 했지만 이론 수업이 대부분이었고, 직접 경험하지 않으면 알 수 없는 일들은 어찌나 많은지 아직도 배워야 할 것이 산더미처럼 쌓여있다.

"서울에선 마트나 시장에서 귤을 쉽게 사 먹잖아요. 그런데 귤 하나를 얻기까지 이렇게 품이 많이 드는지 전혀 몰랐죠. 저희 부부가 경작하는 귤밭은 총 3,500평 정돈데, 연 2,000박스 정도 인터넷을 통해 직거래하고 있어요. 2,000박스로는 생활비 충당하는 데 어림도 없어서 걱정이에요. 규모가 더 커지면 사람을 써야 하는데 그것도 만만치 않은 일이거든요."

무엇보다 현지에 와서 가장 놀랐던 건 시골에서는 젊은 사람들을 무조건 반기지 않는다는 것.

"시골에 내려오면 땅이 많이 남아돈다고들 하는데 진짜 작정하고 찾아보지 않으면 찾기 힘들어요. 저희 앞집만 봐도 어르신 한 분과 자식 내외 세 명이서 1만 평을 일궈요. 두세 명이 1만 평 정도는 관리할 수 있다는 얘기에요. 저희가 경작하는 3,500평은 여기선 명함도 못 내밀어요."

제주도가 다른 지역에 비해 텃세가 심한 건 과거 변방에 위치한 지역적 특성상 유독 침략을 많이 당했던 역사적 사실에 기인한다. 그것이 과거에 국한된 것이 아니라 지금까지 다른 형태로 이어져 내려오고 있다. 땅을 소유하고 있는 이들은 도시나 시골이나 소수에 지나지 않는다. 정작 농사를 짓는 이들은 임대료를 주고 땅을 일구는 소작농들이 대부분. 젊은 사람들이 농사나 지어볼까 하고 시골에 땅을 사서 내려가지만 그 땅을 일구고 있던 소작농들은 땅을 빼앗기게 되는 셈이다. 그 속을 자세히 들여다보면 토착민들의 텃세가 있을 만하다. 그래서 이현수는 누구보다 더 열심히 인사하고, 부지런히 일한다.

오다 가다 집에 불이 켜져 있거나
인기척이 나면 그냥 들르세요.
볼일이 있거나 이유가 있어서가 아니라
전화나 문자 대신 얼굴 보며 할 말을 주고받는 거죠.

무엇보다 도시에서의 생활과 다른 건 이웃들간의 관계다.
"시골에 내려가면 할 거 없고 적막하지 않냐고들 하세요. 절대 아닌데 말이죠. 도시에서는 같은 직장 동료들 집에 잘 안 가게 되잖아요. 여기에 와서 가장 적응하기 힘들었던 게 이웃주민들의 급작스러운 방문이었어요. 오다 가다 집에 불이 켜져 있거나 인기척이 나면 그냥 들르세요. 볼일이 있거나 이유가 있어서가 아니라 전화나 문자 대신 얼굴 보며 할 말을 주고받는 거죠. 처음엔 여간 어색한 게 아니었는데 이제는 저도 드릴 얘기 있으면 직접 찾아가요. 이렇게 사람들과의 왕래가 많으니 외롭거나 심심할 틈이 없어요."
농사일만으로도 벅차고 정신없는 와중에, 블로그를 운영한 건 여러 가지 복합적인 이유에서였다. 조용하게 살고 싶어 제주까지 내려갔는데 굳이 사생활이 드러나는 블로그 운영을 해야 하는지 처음에는 그에 대한 회의감이 없지 않았다. 그러나 부부에겐 도시와의 소통 창구가 필요했고, 블로그는 그 대안이 되어주었다.
"블로그를 통해서는 사람들에게 밝고 때로는 철없는 모습으로 비춰질 수도 있을 것 같아요. 하지만 현실에서는 나름의 고충도 많아요. 지난 10년 동안 직장생활을 통해 번 돈을 이곳에서 농사짓느라 땅 사고 집 짓는 데 거의 다 써버렸어요. 아직까지는 농사일만 해서는 먹고살기 힘들어요. 수익을 내려면 2~3년은 더 걸릴 거 같은데 그 사이 무엇을 해서 버텨야 하나 요즘 걱정이 이만저만이 아니에요. 빨리 새로운 수입원을 찾아야 할 것 같은데 마땅한 게 떠오르지 않네요."

그나마 부부의 제주생활을 지지하는 단골이 늘어가고 있어 다소 힘을 얻고 있다고 한다. 우여곡절 끝에 2010년 겨울, 드디어 스스로 농사지은 땅에서 첫 수확을 했다. 그때의 감동은 말로 표현하기에 불가능할 정도였다. 상품으로 출하하지 못하거나 흠이 난 귤들은 버리지 않고 모두 모아 귤 잼도 하고, 귤차로도 담근다.

"팔고 남은 못생긴 귤은 저희가 이것저것 다른 용도로 활용해요. 귤차나 귤 과자로도 만들어 먹는데 그 맛이 또 일품이에요. 요즘엔 귤 향 비누를 만들어서 주변 지인들에게 선물을 하면 모두 좋아들 하시더라고요. 마트나 시장에서 그냥 사 먹는 귤과는 차원이 달라요. 귤 한 알 한 알이 모두 제 자식처럼 느껴지더라니까요."

이렇게 부부는 요즘 농사를 통해, 길들여진 삶이 아닌 무언가를 내 손으로 창조하는 즐거움에 폭 빠져 있다.

우여곡절 끝에 2010년 겨울,
드디어 스스로 농사지은 땅에서 첫 수확을 했다.
그때의 감동은 말로 표현하기에
불가능할 정도였다.

우습게 봤다간 큰코다치는 제 주 생 활 비

막상 현지에 내려오자 모든 것을 처음부터 다시 시작해야 했다. 생활비만 해도 전기료나 통신료, 식비 위주로만 예상했지 은근히 소소한 것들이 큰 비중을 차지할 줄은 이곳에 오기 전까지 전혀 몰랐다. 서울에서 따져본 생활비와는 차원이 달랐다. 제주에서 드는 기본 생활비는 모든 생활의 기반이 잡혔을 때 월 150만 원 선 정도가 평균치라고 보면 된다. 기본 난방비나 전기세는 서울보다 더 나가는 경우도 많다. 농사를 지으려면 승용차와 트럭까지 두 대의 차가 필요하다. 보험료와 기름값만 해도 두 배. 아직은 살림살이가 늘어가는 상황이라 근 일 년 동안 월 300만 원 정도가 생활비로 들어갔다. 예상했던 것보다 더 들어간 돈도 무시할 수 없다. 집 앞에 깔린 돌도 그냥 있던 것들이 아니다. 적어도 수십만 원 정도의 돈을 들여 구입한 것들. 하다못해 못이나 가위 같은 작은 물품들도 일일이 구입해야 했으니까. 이런 일들은 귀농을 준비하면서 인터넷이나 다른 루트를 통해서도 도저히 알 수 없는 부분들이었다.

 아직 이들 부부에겐 아기가 없지만 주변의 귀농 가족들을 보면 교육문제가 가장 큰 골칫거리다. 자신들의 선택이 자칫 자녀들을 이 사회에서 도태시키는 게 아닌가라는 자괴감을 느끼는 이들도 적지 않다고 한다. 그만큼 이곳에서조차 교육은 중요한 화두이다. 교육평준화가 적용이 되지 않는 제주이지만 그에 비해 부모들의 교육열은 상당히 뜨거운 편이다. 앞으로 이들 부부 사이에 2세가 생긴다면 자신들이 어떤 선택을 할지 알 수 없는 노릇이다.

블로그를 통해 이들의 귀농 이야기가 서서히 입소문이 나자, 귀농에 대한 이런저런 상담 문의부터 방송 출연 제의까지 쉬지 않고 들어오고 있다. 이에 대해 부부가 답하는 얘기는 딱 하나, 현지에 가서 살기 전에는 알 수 없다는 것이다. 자신이 알고 있는 노하우를 100% 알려준다 해도 받아들이는 사람의 상황과 맞지 않으면 아무런 소용이 없다는 게 그 이유다.

빡빡할 정도로 성실히 살아가는 하루하루, 허투루 쓰는 시간 없이 현재에 충실한 날들, 그리고 그 날들이 모여 인생이 되어 나가는 과정을 그들은 몸소 체험 중이다. 힘들고 서툴지라도 이렇게 묵묵히 한 걸음 한 걸음 나아가는 두 사람을 마구 응원해 주고 싶어진다. 타고난 사람들만이 창조적인 삶을 살 수 있는 건 아니다. 누구나 마음만 먹으면 자신의 일상을 충분히 색다르게 꾸려갈 수 있다는 걸, 농부 이현수는 몸소 실현하고 있는 것이다.

"도시에서는 피자나 커피를 어디서든 쉽게 먹을 수 있지만, 여기에서는 직접 만들어야만 해요. 소비가 아닌 생산 위주의 환경이니 어쩔 수 없는 거죠. 내 손으로 직접 무언가를 만드는 일이 이렇게 신이 나는 일인지 미처 몰랐어요."

자연 속에서 서로 돕고 기대며 그 섭리에 순응하며 살아가는 그들의 삶은 참으로 단순하면서도 건강해 보인다. 헬렌Helen Nearing과 스콧 니어링Scott Nearing 부부처럼, 땅에 뿌리내리고 사는 삶이야말로 진정 조화로운 삶이라는 사실을 깨닫고 실천하기에 제주만한 곳이 또 있으랴.

빡빡할 정도로 성실히 살아가는 하루하루.
허투루 쓰는 시간 없이 현재에 충실한 날들.
그리고 그 날들이 모여 인생이 되어나가는 과정을
그들은 몸소 체험 중이다.

이현수의
제주살기

귀농 생활에 대한 편견을 깨는 게 첫 단추다

이제는 무언가를 준비하거나 알아볼 때 먼저 인터넷 서핑을 하는 일이 당연한 수순처럼 되어 있다. 귀농처럼 생경한 일은 더더욱 그러하다. 이들 부부 역시, 누구한테 물어볼 수도 없고 마땅한 정보를 찾을 수도 없어 처음에는 주로 인터넷에 의존해야 했다. 하지만 이게 웬걸. 10년이 넘도록 차근차근 준비해 왔다고 자신했건만, 막상 제주에 터를 잡고 보니 모든 것이 원점이었다. 전기료, 통신료 등은 서울보다 더 비싼 것 같았다. 물론, 서울에서 계산하는 생활비 기준과 어느 정도 거리는 있지만 한 달에 몇 십만 원으로도 충분히 잘살 수 있다는 건 애초부터 불가능하다고 못을 박는다. 인터넷으로만 알아보지 말고 주말이나 연휴 혹은 시간을 내 틈틈이 장소를 보러 다니면서 어느 정도 마음의 준비를 해두어야 당황하지 않는다. 지금 당신이 생각하는 것보다 딱 두 배 정도 더 힘들다고

보면 된다. 그렇다고 지레 겁을 먹을 필요는 없다. 단지 지금보다 좀 더 각오를 해야 적응하는 데 수월하다는 말이다. 농사를 짓고 싶다면 지역에서 운영하는 귀농교육을 이용하길 권한다. 이들 부부에게도 제주농업기술원(http://www.agri.jeju.kr)에서 운영하는 귀농교육이 다른 어떤 것보다 큰 도움이 되었다고.

팔고 남은 못생긴 귤은 저희가 이것저것 다른 용도로 활용해요.
요즘엔 귤 향 비누를 만들어서 주변 지인들에게 선물을 하면
모두 좋아들 하시더라고요. 마트나 시장에서 그냥 사 먹는 귤과는 차원이 달라요.
귤 한 알 한 알이 모두 제 자식처럼 느껴지더라니까요.

서울 반, 제주 반!

두 여자의

평행이론

제아무리 즉흥적인 타입의 사람이라도 일생일대의
선택을 앞두고서는 고심할 수밖에 없는 법이다.
가령, '이 남자와 결혼을 할까 말까? 연고지도 아니고
아는 이 하나 없는 곳으로 이사를 간다면?
잘 다니던 직장을 이참에 그만둬 버려?' 등등.
불안한 마음을 억누르며 냉정한 판단을 하려고 해도
쉽게 결론을 내지 못하는 문제에 직면하는 순간이 있다.
제주에서 달빛봉봉베란다를 운영하는 장길연과
손은정도 예외는 아니었다. 일반적인 기준으로 보면
어엿한 학력과 든든한 직장이란 배경을 가진
그녀들의 선택에 모두가 의아해했다.
그러나 누구보다도 말이 잘 통하는 언니 동생 사이였던
두 사람은 남들이 뭐라고 하든 말든
'꺼리'가 생기는 타이밍만을 자나 깨나 기다려왔다.

Name	장길연 & 손은정
Age	30대 중·후반
Job	카페 달빛봉봉베란다의 쇼콜라티에 & 플로리스트
Since	2010년 3월
In Seoul	장길연은 카이스트 석사과정을 거쳐 IT기업에 재직하다 무주를 시작으로 시골생활에 입문. 손은정은 대기업에 적을 두었지만 긴장과 불안에서 허우적거리는 직장인
In Jeju	초콜릿과 꽃을 통해 달콤한 소통을 꿈꾸는 공간 달빛봉봉베란다 오너

어느 날 프랑스의 조용한 마을에 신비스러운 여인이 딸과 함께 나타난다. 모녀는 마을 한쪽에 초콜릿 가게를 열고, 초콜릿을 직접 만들어 팔기 시작한다. 그녀가 만드는 초콜릿은 달콤함과 함께 신비한 마력을 발휘해 마을사람들의 아픔과 사랑을 서서히 치유해 간다. 영화 〈초콜릿〉은 보기만 해도 달달해지는 동화 같은 이야기로, 이 영화의 줄거리를 따라가다 보면 문득 이런 일이 현실에서 일어날 수 있을까라는 생각이 든다. "예스"라 생각하는 사람이라면 조금은 몽상가적 기질을 지닌 사람일 테고, "노"라고 답하는 사람은 지극히 현실감각에 충실한 부류일 것이다.

두 타입 중 어느 한쪽이라고 단정 짓기엔 그 경계가 모호한 쇼콜라티에 장길연과 플로리스트 손은정이 운영하는 카페 '달빛봉봉베란다'. 소박하지만 달콤한 셀프 라이프를 소망하는 두 여자가 꾸려가는 곳이다. 한 명은 서울을 떠나 제주에 터를 잡았고, 다른 한 명은 서울을 차마 떠나지 못하고 있다. 같은 방향을 바라보지만 다른 방식으로 살고 있는 두 여자의 상반된 이야기.

아직은 테스트 기간이 필요한 때
장길연은 제주에서 모르는 사람이 없을 정도로 유명 인사가 되어버린 '바람스테이'와 '바람도서관'의 주인장 박범준의 아내다.

한 명은 서울을 떠나
제주에 터를 잡았고,
다른 한 명은
서울을 차마 떠나지 못하고 있다.

자신의 삶에서 아내의 존재가 가장 중요한 이유라고 고백했던 남편과 함께 무주부터 제주까지의 여정을 함께한 바로 그 주인공 말이다. 제주에 오기까지 몇몇의 도시를 거쳐온 장길연은 추운 게 싫어서 따뜻한 곳을 향해 남으로 남으로 내려오다 결국 남편과 함께 반도의 끝에 자리를 잡았다. 쳇바퀴처럼 돌아가는 일상보다는 자신이 직접 선택할 수 있는 삶을 살고 싶어 결정한 일이었다.

그로부터 벌써 몇 년이 훌쩍 지났다. 모든 일상이 자리를 겨우 잡고 안정적으로 돌아가는 순간, 그녀는 다른 일을 도모하기로 마음먹었다. 부부가 운영하는 펜션과 도서관이 제법 입소문이 나고, 매스컴도 타면서 한바탕 유명세를 치른 뒤, 먹고사는 문제에서 해방될 즈음이었다. 어쩌면 누구누구의 아내라는 타이틀에서 한 발짝 물러서고 싶은 이유도 그중 하나였을 게다.

"서울을 떠나 무주에서 제주로 오기까지, 알게 모르게 마음고생을 얼마나 많이 했는지 몰라요. 하고 싶은 걸 한다는 해방감은 있었지만, 현실적으로 평안하지만은 않았어요. 몇 년이 지난 지금에야 웃으며 얘기할 수 있게 된 거죠. 졸업 후 직장만 다니다가 막상 펜션이나 카페 같은 자영업을 하려니 시작부터 고생은 이루 말할 수가 없었어요. 저나 범준 씨나 진짜 멋모르니까 덤빌

서울을 떠나 무주에서 제주로 오기까지,
알게 모르게 마음고생을 얼마나 많이 했는지 몰라요.
이제야 하고 싶은 걸 한다는 해방감은 있었지만,
현실적으로 평안하지만은 않았어요.

수 있었던 것 같아요."
 그녀의 친구들 중에는 스펙이 확실한 그녀가 언젠가 다시 도시로 돌아올 거라고 지레 단정 짓는 사람들이 있다. 돌아와도 받아줄 곳이 있으니 자신 있게 떠날 수 있는 게 아니냐고 말이다. 그러나 고달프지만, 자유로운 유목의 삶을 살고 있는 건 순전히 그녀의 선택이었다.
 "인생 설계를 잘해서, 확실한 목표와 계획이 있다고 해서 잘 사는 건 아니잖아요. 아니 그 이전에 우리가 왜 그렇게만 살아야 하는 거죠? 행복은 지금 바로, 내가 하고 싶은 것을 할 때 얻을 수 있는 것 같아요. 주변의 많은 분들이 이제는 그만할 때가 되었다고, 어서 제자리로 돌아오라고들 해요. 이렇게 사는 모습을 세상물정 모르는 철부지처럼 여기는 분들도 적지 않으세요. 도리어 저는 그 어느 때보다 만족스러운 삶을 살고 있는데 말이에요."
 야리야리한 체구의 그녀지만, 한번 결심한 일에 대해서는 결코 물러서지 않고 끝까지 밀어붙이는 강한 추진력의 소유자이기도 하다.
 그녀의 오랜 지인인 손은정은 서울에서부터 알고 지낸 무척이나 가까운 사이. 현재 대기업에 적을 두고 있음에도 언제나 알 수 없는 결핍을 느끼는 골드미스다. 그전에 손은정은 '아시안 가든'이라는 문화공간을 운영했던 경험이 있지만, 다시 무언가를 새로이 시작하기엔 주저할 수밖에 없는 서른 중반의 나이다. 또래 친구들은 결혼과 출산을 한창 경험할 때였지만, 그녀의 가슴 한편엔 늘 공허함만이 가득했다. 그러던 어느 날, 파리 출장 중에 평소 속내를 털어놓고 지내던 장길연에게서 전화가 걸려왔다. "은정 씨, 우리 함께 제주도에서 초콜릿을 만드는 작은 카페를 한번 꾸려보면 어떨까?"

손은정은 고민할 것도 없이 그 자리에서 그녀의 제안을 바로 수락한 후 한국에 돌아오자마자 장길연과 의기투합하여 둘만의 프로젝트에 착수했다. 세세한 사업 계획이나 목표 따위는 없었다. 그렇다고 대책 없이 무조건 회사에 사표를 던지지도 않았다. 사람마다 살아가는 방식은 천차만별이지만 궁극의 목표는 바로 행복이다. 많은 이들이 너무나도 당연하게 나중의 행복을 위해 정작 지금의 삶은 그 즐거움을 조금 유예해도 된다고 생각한다. 그러나 장길연은 이에 대해 도대체 무얼 위해서냐고 반문한다.

"다들 먹고살 만하니까 도시생활을 포기할 수 있다고 생각하는 거 같아요. 사람들이 저한테 자주 물어보는 질문이 바로 먹고살 만하냐는 거예요. 그러면 저도 딱히 해줄 말이 없어요. 돈을

도시에서 벗어나고는 싶지만,
그렇다면 대체 무얼 해야 하는지에 대한
확신이 아직 없는 게 아닌가 하는.
정말 하고 싶은 일이 무엇인가를
여전히 탐색하는 과정인 거 같아요.
이대로라면 조만간 마음을 먹게 되지 않을까 싶긴 한데…
글쎄요. 아직은 반반이에요. 정말 반반!

벌려고 하는 일이 아니니까요. 대신 '하고 싶은 일은 하지만 굶지는 않아요'라고 대답하죠. 그러면 모아둔 돈이 많은지 다시 물어봐요. 결혼할 때 신랑이랑 저랑 두 사람이 합쳐 2,000만 원이 전 재산이었어요. 둘 다 연구원과 직장 생활을 하긴 했지만, 경제관념이 뚜렷하진 않았거든요. 그때나 지금이나 그 액수는 변함이 없어요."

아닌 게 아니라, 서울와 제주를 오가는 손은정 역시 처음엔 막상 두려움을 떨쳐내는 게 쉽지 않았다고 얘기한다. 장길연이 제주에 안착하기까지 좌충우돌하는 생활을 처음부터 오래도록 지켜본 그녀 역시 아예 제주도에 내려와 살고 싶은 마음이 없는 건 아니다. 하지만 이런저런 이유들이 그녀를 붙들었던 것. 결혼 적령기인 나이도 그렇고, 자리를 잡으려면 아직은 갈 길이 먼 가게도 그렇고, 사연 있는 여자로 오해하는 사람들의 시선이 아직 불편한 것도 그렇다.

"아무래도 아직까지 혼자라는 사실이 제일 불안하죠. 미혼의 여자가 직장을 때려치우고 제주도로 내려가는 게 간단히 결정할 일은 아니니까요. 언니처럼 손발이 잘 맞는 형부 같은 남편이 있는 것도 아니고요. 언니 부부를 옆에서 지켜보면 진짜 환상의 단짝이라는 생각이 절로 들어요. 남들은 노년이 되어서야 할까 말까 고민하는 일을 당장 실행에 옮기는 데 둘 다 일가견이 있어요. 저도 다른 직장인에 비하면 그나마 용기를 낸 편에 속하긴 해요. 근데 두 분처럼 호흡이 잘 맞는 반쪽이 있으면 이렇게 고민하지 않을 거 같아요. 제가 쉽사리 자리를 박차고 제주도로 오지 못하는 이유요? 바로 그게 아닐까 싶어요. 도시에서 벗어나고는 싶지만, 그렇다면 대체 무얼 해야 하는지에 대한 확신이 아직 없는 게 아닌가 하는. 정말 하고 싶은 일이 무엇인가를 여전히 탐색하는 과정인 거 같아요. 이대로라면 조만간 마음을 먹게 되지 않을까 싶긴 한데… 글쎄요. 아직은 반반이에요. 정말 반반!"

불안함은 인간과 늘 함께하는 존재다. 인간이 궁핍함에서 벗어나 점점 부유해질수록 그에 따른 불안함은 더해간다는 사실은 아이러니가 아닐 수 없다. 자신의 목표를 한 단계 한 단계 이룬 인간은 자기와 비슷한 사람들과 계속 비교하면서 결국 불안의 굴레에서 헤어나지 못한다. '불안은 하루가 멀다 하고 경험하는 밀접한 감정적 변화'라는 알랭 드 보통 Alain de Botton의 말처럼 우리가 느끼는 불안함의 대부분은 자신에게서 파생된 것이 아닌, 타인에 의해 발생되는 것이다. 그녀에게도 이런 일말의 불안함이 있었던 것일까? 쉽사리 결단을 내리지 못하는 손은정을 오랫동안 지켜봐 온 장길연이 채근하듯 그녀에게 말한다.

"마음이 가는 대로 살아도 그들보다 결코 늦게 가지 않아. 손가락 사이로 빠져 나가는 모래처럼 인생이 허무해지지 않을 수 있어. 제.주.도.에.도 멋.진.남.자.들.이 많.으.니. 일.단. 오.기.부.터. 하.라.고!"

주인 위주의 이 기 적 인 공 간 탄 생

손재주가 있는 장길연은 어릴 적부터 손으로 꼬물거리는 일들을 좋아했다. 자수, 베이킹, 가드닝처럼 오밀조밀한 작업들을 누가 시키지 않아도 즐겨 했다. 초콜릿을 만드는 일도 마찬가지. 예전에 영화 〈초콜릿〉을 보면서 줄리엣 비노시처럼 초콜릿이나 쿠키를 만들어 파는 가게를 하면 어떨까라는 상상을 하곤 했다. 영화에는 특별히 감동적인 스토리가 있었던 건 아니었다. 단지 그 영화의 잔상이 오래도록 잊히지 않았다고 한다.

"은정 씨에게 초콜릿을 만드는 공간을 만들어보자는 제의를 한 건, 제주도 출신의 쇼콜라티에를 통해 초콜릿을 배울 기회가 있어서였어요. 마침 그 분이 사정상 제주생활을 정리하고 외국으로 나가게 되면서 자신의 가게를 인수할 사람을 소개해 달라는 부탁을 하셨어요. 그 말을 듣는 순간 내가 해볼까 하는 생각이 퍼뜩 들더라고요. 시골에서 지내면서 베이킹을 종종 해왔던 터라 배우는 게 어렵지는 않았어요."

그런데 왜 하필 초콜릿이었을까. 왠지 제주도와 초콜릿은 어울리지 않는 조합처럼 느껴졌다.

"장소는 어떤 일을 벌이는 데 장애가 되지 않는다는 걸 얼마간의 시골생활을 하면서 깨달았어요. 초콜릿은 달콤하고 부드럽잖아요. 그런 감촉, 그런 느낌이 주는 위안이나 휴식을 다른 이들에게 전하고 싶었어요. 초콜릿이 소울 푸드가 될 수 있다는 사실을요."

초콜릿에 매료된 장길연은 손은정에게는 꽃꽂이를 추천했다. 초콜릿과 어울리는 아이템이 무엇일까 고민한 끝에 나온 결과였다. 초콜릿과 꽃은 각기 다른 존재감으로 사람의 마음을 이완시키고 심리적인 위안을 주는 공통점을 가졌다. 아이템이 정해지고 난 후 손은정은 직장생활을 하면서 곧바로 까사스쿨 플라워 레슨 과정에 등록했다. 그리고 마침내 모든 과정을 수료하고 자격증까지 취득했다. 처음엔 그저 가벼운 마음으로 시작한 일이 본격적으로 진행된 건 이때부터였다. 플로리스트라는 또 하나의 직함이 생긴 손은정은 한 달에 한두 번 주말을 틈타 2박 3일 일정으로 제주도행 비행기에 몸을 실었다. 고속버스터미널 꽃시장

초콜릿은 달콤하고 부드럽잖아요.
그런 감촉, 그런 느낌이 주는 위안이나 휴식을
다른 이들에게 전하고 싶었어요.

에서 공수한 꽃다발을 두 손 가득 안고서. 번거로울 법도 한데, 꼬박꼬박 그 패턴을 유지하며 서울과 제주를 주말에 오가는 생활을 병행하고 있다. 말이 그렇지 진짜 좋아서 하는 일이 아니면 억만금을 줘도 못할 정도로 고된 일이다.

"단순한 이익창출이라는 비즈니스 개념에 휩쓸리지 말자는 나름의 신념이 있어요. 시간과 돈이 남아돌아서가 아니에요. 그저 좋아하는 일을 하고 있고, 그것이 단순히 결과에 치중되지 않으려고 마인드 컨트롤을 해요. 그러려면 공간을 꾸려가는 저희 스스로가 즐거워야 한다고 생각해요. 이런 일련의 과정 하나하나에도 의미를 두고 싶어요."

그들의 이런 생각은 달빛봉봉베란다에 발을 들이는 순간, 단박에 알아차릴 수 있다. 전체의 1/3을 차지하는 널찍한 작업공간과 전망이 좋은 창가에 테이블 대신 작업대가 자리 잡고 있는 건 순전히 그들 자신을 위해서다. 테이블을 더 놓을수록 수익은 남겠지만 그렇다고 자신들이 머무는 일터의 비중을 줄이고 싶지는 않았다. 가게가 위치한 봉개동은 관광지에 익숙한 이들에겐 낯선 동네다. 어디 그뿐인가. 유동인구가 많은 1층이 아닌, 산과 나무가 한눈에 들어오는 2층을 선택한 것도 순전히 자신들의 취향에 의한 선택이다. 한마디로, 수익이나 판매보다는 자신들이

전체의 1/3을 차지하는
널찍한 작업공간과 전망이 좋은 창가에
테이블 대신 작업대가 자리 잡고 있는 건
순전히 그들 자신을 위해서다.

기꺼운 마음으로 머물기에 적당한 작업실에 보다 더 초점을 맞춘 선택이다. 장길연과 손은정에게는, 초콜릿과 아름다운 꽃을 전시하고 판매하는 공간 못지않게 그녀들의 일상을 보내는 일터이자, 자아를 찾아가는 공간이기도 하니까. 자신들이 즐거워야 손님들에게 긍정의 기운을 제대로 전달할 수 있으리라 믿고 있다. 아직까진 사람들이 북적일 정도로 널리 알려지지 않아 아쉽기도 하고 걱정이 되긴 하지만, 어차피 어느 정도 각오한 일이었다. 자신들의 선택을 후회하지 않으려고, 스트레스를 받으면 억울하니까 가능하면 행복한 마음을 가지려고 애쓰는 중이다.

"초콜릿과 꽃. 정말 보기엔 우아하고 고상해 보이지만 절대 그렇지 않아요. 그래도 내 손으로 무언가를 만들어가는 과정에서 느끼는 묘한 희열감은 말로 표현할 수 없을 정도로 커요. 도시에서는 돈만 내면 무엇이든 사고 먹고 할 수 있잖아요. 소비하는 즐거움도 상당하지만, 내 손으로 무언가를 만들어낸다는 사실 또한 그에 결코 비할 수 없을 만큼 뿌듯하죠."

아직은 버틸 만한 적 자 예 요

"이제 더 이상 하고 싶은 것이 없다면 무기력하게 보이겠지만, 제가 바로 그래요. 도시를 떠나 시골에서 살고 싶은 바람을 일찌감치 이루고 나니 사람 사는 게 다 비슷비슷하구나 싶어요. 한 번 크게 작정하고 하고 싶은 걸 해봐서 그런 것도 같아요. 이렇게 살아야겠다는 집착이나 욕심이 없어지더라고요. 염세주의자처럼 무기력해졌다는 말은 아니고요. 반드시 무엇을 해야겠다는 기준 같은 게 참 애매해졌어요. 그동안 움켜쥐려고만 했던 것들이 결국은 부질없었구나 하나씩 깨달아가는 중이에요."

직장생활이 아닌 다른 일을 찾다가 손으로 만드는 수작업에 매료되었다는 장길연은 앞으로 장인정신에 입각해 보다 본격적인 작업들을 해보고 싶다고 한다. 누가 인정해 주길 바라는 것이 아닌, 자신 스스로가 만족할 수 있는 작업 말이다. 그녀 말대로 장인의 마음을 담아 만드는 초콜릿에는 들어가는 재료 하나, 레시피 하나에 공을 들인다. 어디서나 쉽게 살 수 있는 초콜릿이지만 질 좋은 재료를 사용해 건강한 먹거리로 만들고, 그걸 맛있게 먹어주는 이들을 만나는 일은 말할 수 없는 기쁨을 선사한다. 그런 그녀의 확고한 신념은 어쩔 수 없는 적자를 수반할 수밖에. 파는 것보다 만드는 데 의미를 두는 장길연은 이런 결과를 마주하고도 아무렇지도 않은 건 그렇다 치더라도, 손은정은 이에 한술 더 뜬다.

"저희가 만드는 초콜릿이나 쿠키는 저희의 정성, 시간, 에너지가 모두 들어간 집합체예요. 공을 들인 만큼 애정이 클 수밖에요. 때때로 이런 저희 마음을 알아주는 손님들을 만나기도 해요. 초콜릿은 한두 개 먹으면 질리는데 여기 초콜릿은 그렇지 않아 너무 좋다는 말을요. 그럴 때면 그간의 고생은 싹 물러가고 기분이 좋아져요. 다시 도전할 힘을 얻는 거죠."

부담스럽지 않을 만큼의 적자라 아직은 버틸 만하단다. 적당히 타협할 듯도 한데 그럴 일은 당분간 없을 것 같다. 다행히 그들의 진심이 통했는지, 단골들도 점점 늘어가고 판매수익도 상승곡선을 그리고 있는 걸 보면.

원칙과 기준의 잣대가 대부분의 사람들과 같아야만 한다는 법은 없다. 단지 그것에서 벗어나고자 첫발을 떼는 일이 힘든 것 뿐이다. 그 이후는 감당할 수 있을 만한 무게라는 사실을 우리는 너무나 잘 알고 있다. 그녀들을 만난 후, 지금의 생활에 만족감을 느끼지 못한다면 장길연처럼 완전한 이주를 하진 못하더라도, 손은정처럼 두 가지 삶을 병행하는 것도 한 방법이라는 생각이 들었다. 그녀들의 최종 목표는 지금 하고 싶은 걸 하는 것! 거창하진 않지만 그렇다고 미약하지도 않다. 인생에는 분명 타이밍이 필요한 시점이 존재한다. 그건 머리가 아니라 가슴이 받아들여야 억지스럽지 않다. 달빛봉봉베란다의 정체성에 대한 고

저희가 만드는 초콜릿이나 쿠키는
저희의 정성, 시간, 에너지가 모두 들어간 집합체예요.
공을 들인 만큼 애정이 클 수밖에요.

민은 지금도 계속되고 있지만, 그 과정을 즐기고 있는 두 여자는 이제 슬슬 그 타이밍이 다가옴을 느낀다고 했다.
 문득 정한아의 소설 〈달의 나라〉의 구절이 입가에 맴돈다.
 '꿈꿔왔던 것에 가까이 가본 적이 있나요? 그건 사실 끔찍하리만치 실망스러운 일이에요. 희미하게 반짝거렸던 것들이 악취를 내며 추한 모습으로 다가온다면 누군들 절망하지 않겠어요. 세상은 언제나 내가 그린 그림보다는 멋이 떨어지게 마련이죠. 현실이 기대하는 것과 다르다는 사실을 일찌감치 인정하지 않으면 사는 것은 아마 상처 받는 일의 연속일 거예요. 나중에 꿈꿨던 일조차 후회하고 말걸요.'
 꿈을 이루는 일이 진정 행복할 것일까. 꿈이란 꼭 이루어지는 것도 아니고(그래서 꿈이라고 하겠지만) 이룬다고 행복한 것만도 아니다(자기합리화라고 해도 어쩔 수 없다). 그러니까 꿈이 이루어지지 않으면 어떠랴. 꿈꾸는 자체가 잘 살고 있다는 뜻이다. 그 끝을 향하는 과정이 어떤지는 누구도 알 수 없다. 쇼콜라티에와 플로리스트라는 직함은 그녀들을 설명하는 수많은 수식어 중 하나일 뿐이지만, 제주에서라면 그녀들은 장인의 자세로 살아갈 수 있을 것만 같다. 그녀들의 행복의 잣대는 성공이 아니라, 그것을 꿈꾸고 이루어가는 과정에 있으므로.

꿈이란 꼭 이루어지는 것도 아니고
(그래서 꿈이라고 하겠지만)
이룬다고 행복한 것만도 아니다
(자기합리화라고 해도 어쩔 수 없다).

장길연과
손은정의
―
제주살기

제주도 정착자가 되려면, 일단 두모악으로
발 길 을   돌 려 라

누구보다 제주를 사랑했던 사진작가 김영갑. 그의 사진을 보면 제주의 공기가, 제주의 바람이 느껴진다. 그의 생전 이야기는 그야말로 드라마틱한 삶 그 자체다. 어느 날부터 서서히 시작된 루게릭이라는 병마와의 사투, 하지만 그는 사진에 대한 열정을 버리지 못하고 제주도 곳곳을 누비며 촬영하는 일에 남은 생을 보낸다. 산과 바다, 오름과 들판, 구름과 바람은 그의 사진에 오롯이 남겨졌고, 그 사진들이 세상의 빛을 볼 수 있게 하기 위해 죽음의 문턱에 이르러서도 손수 사진 갤러리를 만들었다. 그곳이 바로 갤러리 두모악이다. 2002년 여름에 문을 연 갤러리 마당에 그의 육신은 한줌의 재가 되어 뿌려졌다. 갤러리가 문을 연 지 3년 만에. 그리고 투병생활을 한 지 5여 년 만의 일이었다. 몸을 제대로 가누지도 못하는 극한의 상황 속에서도 자신의 혼을 담아 완성시킨 이곳에 발

을 디디는 순간, 온몸에 이는 전율을 경험해 보길 바란다. 그곳에는 평생에 걸쳐 한 가지에 자신의 모든 걸 쏟아부은 사람의 열정이 고스란히 담겨 있다. 제주에 중독된 사람들이 공통적으로 하는 말이 있다. 제주의 하늘, 바다, 바람, 들판이 자신들을 떠나지 못하게 한다고. 제주에서의 정착을 꿈꾸는 당신, 자신의 선택에 아직도 의구심이 든다면 어서 두모악으로 발길을 돌리길. 그의 사진을 보는 순간, 가슴 떨리는 울림이 있다면 제주 정착자가 될 자격이 있다. 충분히!

손은정은 '아시안 가든'이라는 문화공간을 운영했던 경험이 있지만,
다시 무언가를 새로이 시작하기엔 주저할 수밖에 없는 서른 중반의 나이다.
또래 친구들은 결혼과 출산을 한창 경험할 때였지만,
그녀의 가슴 한편엔 늘 공허함만이 가득했다.
그러던 어느 날, 파리 출장 중에 평소 속내를 털어놓고 지내던
장길연에게서 전화가 걸려왔다.
"은정 씨, 우리 함께 제주도에서 초콜릿을 만드는
작은 카페를 한번 꾸려보면 어떨까?"

게으른

게스트하우스로

초대합니다

소녀는 중학교 때
가족과 함께 떠났던 제주도 여행을
또렷하게 기억한다.
장맛비가 가시기 전,
파릇한 풍채를 지닌
제주도의 강렬했던 기억.
소년은 보이스카우트 캠프를 위해 찾았던
제주에 매료된 경험을 갖고 있다.
유년시절 제주에서의 기억을 품고 살던
소년 소녀는 연애를 할 때부터 언젠간
제주에 내려가자는 얘길 곧잘 하곤 했다.
그 언젠가가 이렇게나 빨리 올 줄은
꿈에도 몰랐지만.

Name	하민주
Age	33세
Job	게스트하우스 & 카페 레이지박스 운영자
Since	2010년 7월
In Seoul	왕복 4시간 거리를 출퇴근하는 남편을 둔 맞벌이 직장인
In Jeju	약간의 게으름과 여유를 누릴 수 있는 게스트하우스 & 카페 레이지박스 오너

"결혼한 지 1년 반 만에 내려왔어요. 특별한 계기가 있었던 건 아니었는데, 남편이 서대문에서 수원으로 왕복 4시간이 걸리는 출퇴근을 너무나 힘들어했어요. 그러면서 건강에 적신호가 왔고 그때서야 아차 싶었어요. 버릴 게 더 많아지기 전에 떠나야겠다 마음먹었죠."

평생 끝이 보이지 않는 생존경쟁 속에서 발버둥 치며 살게 될 것만 같았다는 그녀. 아무리 생각해도 그 삶이 결코 행복할 수 없다는 결론 끝에 주저 없이 짐을 챙겼다.

"절대 갑작스럽거나 즉흥적인 결정이 아니었어요. 심지어 대학교 다닐 때 제주도에 내려와서 진짜 살아볼까 진지하게 고민했을 정도니까요."

10대 시절부터 막연하게나마 제주도에서의 삶을 상상해 온 하민주의 제주생활, 이제부터가 시작이다.

긍정 마인드 부부의 제 주　적 응 기

제주도에 터를 잡는다고 하면 사람들은 바닷가가 보이는 곳이겠지 하며 지레 짐작하곤 한다. 이들 부부처럼 게스트하우스를 운영한다면 더욱 그렇다. 처음부터 게스트하우스를 꾸려갈 계획은 아니었지만, 사람들과의 교류가 전혀 없어도 심심할 테니까

평생 끝이 보이지 않는 생존경쟁 속에서
발버둥 치며 살게 될 것만 같았다는 그녀.
아무리 생각해도 그 삶이
결코 행복할 수 없다는 결론 끝에
주저 없이 짐을 챙겼다.

농가 한 채를 구입해 작게 꾸며보자 싶었다.

"도시에서만 살아온 남편은 바닷가 집에 대한 로망이 있었어요. 처음엔 무슨 일이 있어도 바다가 보이는 곳에서 살자고 졸랐는데, 사계 해안 앞에 있는 민박집에서 며칠을 보내면서 그 말이 쏙 들어갔어요. 습기가 너무 많아서 빨래도 잘 안 마르고, 바람이 심한 날에는 온 집에서 짠맛이 나는 걸 경험한 후로는요."

그렇게 바닷가 집에 대한 미련을 버리고 산에 둘러싸인 지금의 장소를 택한 건 낡은 농가 세 채가 어우러진 느낌 때문이었다. 안거리(본채), 밭거리(또 다른 생활공간), 그리고 창고로 나뉘는 세 개의 독채로 된 모양새가 마음에 쏙 들었다. 마을주민조차 몇 안 되는 시골마을에 덩그러니 자리 잡은 집을 본 그날 밤, 부부는 잠을 이룰 수 없었다. 흰색 페인트를 칠하고, 조약돌을 깔고, 유리문을 달고, 이렇게 꾸미면 되겠다, 저러면 되겠다는 그림이 머릿속에 그려졌기 때문이다. 드디어 오랫동안 꿈꾸던 집을 발견한 것이다!

"한 번 꽂히고 나니 다른 건 눈에도 안 들어오더라고요. 바로 계약을 해야겠다고 결심했는데, 어른들께선 겁대가리를 상실했다고들 하면서 극구 만류하셨어요. 어쩜 그렇게 무데뽀로 일을 저지르냐 하면서 말이에요. 지금은 다들 언제 그랬냐는 듯이 잘

흰색 페인트를 칠하고,
조약돌을 깔고, 유리문을 달고,
이렇게 꾸미면 되겠다,
저러면 되겠다는 그림이
머릿속에 그려졌기 때문이다.
드디어 오랫동안 꿈꾸던 집을
발견한 것이다!

사는 모습에 응원해 주지만요."

그렇게 주변의 우려에도 불구하고 허름한 집은 부부의 생활공간, 말끔하게 정리된 여행자들의 숙소, 소박한 소품들로 꾸며진 아기자기한 카페로 재탄생되었다. 지금이야 어엿한 게스트하우스로 변모했지만, 처음엔 다 쓰러져가는 제주의 50년 된 농가 주택이었다. 외관은 나무 데크를 깔고 페인트 칠만 해서 가능하면 본래의 모습을 살리려고 했다. 내부 역시, 서까래나 나무 기둥 같은 기본 골조는 최대한 건드리지 않으려고 애썼다.

"두 달 동안 민박을 하면서 공사에만 매달렸어요. 거의 캠핑 생활을 하는 것과 다를 바 없었죠. 다들 텃세가 심할 거라고 겁을 줬었는데, 저희는 그런 거 전혀 못 느꼈어요. 동네주민들이 젊은 사람들이 고생을 사서 한다며 저희를 기특하게 보시더라고요. 사람들의 발길이 거의 없는 곳에 젊은 부부가 들어오니 무척이나 궁금하셨나 봐요. 여기서 대체 무엇을 할 거냐고 자꾸 물어보시길래 민박 하려 한다니까 누가 오겠냐며 피붙이같이 걱정을 해주실 정도로 살갑게 대해주신걸요. 지금은 다들 이곳까지 민박 하러 오는 젊은 사람들을 보면서 신기해들 하세요."

제주도에서 가장 힘들었던 점은 섬 특유의 생활 패턴의 차이. 게스트하우스 오픈이 예정보다 늦어지게 된 건 공사 기일이 자꾸만 밀렸기 때문인데, 섬에 사는 사람들의 성향을 간파하지 못해서였다. 예를 들면, 이번 주까지 공사를 마무리하기로 했는데 그 사이 비가 오거나 약간의 변수가 생기면 저절로 연장된다는 식이다. 이곳 사람들은 저녁 6시 넘어서 일하는 일은 거의 없다. 납기일이나 마감은 그리 중요한 게 아니다. 서울에서였으면 소송감이 될 수 있는 문제지만 여기는 제주도. 성격이 급한 사람이라면 미리 각오를 단단히 해야만 할 것이다. 부부는 여전히 제주도에 대해 모르는 것투성이라지만 그럼 또 어떤가. 사람 사는 일이 다 그런 건데.

제주에서 진짜 여 자 가 되 다
제주의 여자들은 강하다. 바다로 나간 남정네들은 험난한 그곳에서 살아오는 경우가 드물었고, 홀로 남은 여자들은 생존을 위해 어떻게든 살아야만 했다. 그런 기운이 남아서인지 이상하리만큼 제주 여자들은 잠시도 가만히 있지를 못한다. 제주에 작정하고 찾아온 하민주 역시, 세계 유일의 해녀학교를 수료할 정도로 뭐든지 열심이다. 덕분에 이젠 제법 물질을 할 정도로 물을 잘 탄다. 그동안 마음에 둔 천연 염색도 동네 여자들 틈에서 열심히 배웠다. 귤차도 직접 담그고 시키면 흙을 뒤치며 감자도 캔다. 그와 함께 그녀의 피부도 섬사람처럼 점점 까매지기 시작했다. 높은 구두 대신 슬리퍼를 신고 다니는 일이 잦아졌다. 도시에서 화장을 곱게 하고 커피숍에 앉아 친구들과 수다 떠는 일이 아득하게 느껴질 정도로 그녀는 지금 완벽하게 이곳 생활에 적응 중이다. 먹거리를 해결하는 방식도 180도 달라졌다. 대형 마트 대신 집 근처 모슬포 오일장에 가서 필요한 재료들은 그때그때 공수해 온다. 생전 처음 본 해조류와 나물들이 즐비한 시장에선 몇 천 원만으로 저녁상을 풍성하게 만들어낸다. 신선한 재료로 만들고 내가 직접 만들었다는 자부심까지 더해진 음식은 도시의 유명 카페나 레스토랑에 비할 게 아니다.

 그저 기분일지 모르겠지만, 식사 후면 으레 더부룩했던 속도 편해진 것만 같다. 하루 종일 허투루 시간을 낭비하는 일이 없다 보니 밤에 잠이 잘 오고 아침에 몸도 가뿐해졌다. 가끔은 시원한 에어컨 바람이 나오는 마트에서 카트를 끌고, 카드로 후딱 계산하고 나오는 편리함이 그리울 때가 없는 건 아니다. 하지만 그것도 잠시. 장에 한번 나가면 사는 얘기, 날씨 얘기 하느라 시간 가는 줄 모르고 노닥거리는 재미에 비할 바 아니다.

 "쇼핑을 하려면 40분 걸려 이마트에 가는 게 전부예요. 그러다 보니 저절로 쓸데없는 물건들을 안 사게 되더라고요. 어쩌다

화장을 하지 않아도, 원피스를 곱게 차려입지 않아도
이곳에서 그녀는 진짜 여자가 되어가고 있다.
꽃이 피고 지는 걸로 계절이 바뀌는 사실을 알게 되는
그런 낭만 가득한 제주 여자로 말이다.

서울에 가는 일이 있는데 그때는 보는 것마다 다 사고 싶어지는 거예요. 보지 않으니까 사지도 않게 되는 거더라고요. 아무래도 도시생활이 소비를 조장하는 그 무언가가 있어요. 제주도에선 외식이나 쇼핑을 하지 않고 직접 하는 일들이 대부분이니 돈 쓸 일이 거의 없어요. 이젠 슬슬 자급자족하는 생활에 익숙해지고 있어요."

화장을 하지 않아도, 원피스를 곱게 차려입지 않아도 이곳에서 그녀는 진짜 여자가 되어가고 있다. 꽃이 피고 지는 걸로 계절이 바뀌는 사실을 알게 되는 그런 낭만 가득한 제주 여자로 말이다.

그 여자의 레이지 박스

제주에 완전하게 적응하고 있는 그녀지만 도시에서 만끽하던 즐거움을 모두 포기하며 살고 있을 거라 단정했다면 큰 오산이다. 여느 젊은 여자들처럼 예쁘게 꾸며진 카페에서 커피 한 잔 마시는 시간이 아쉬웠던 그녀는 서울을 그리워하고만 있기보단 그런 공간을 직접 만드는 쪽을 택했다. 자연 속에서 마음의 평화를 간절히 바라다가도 달달한 카페라테와 세련된 라운지 음악을 듣고 싶은 게 부끄러운 일은 아니니까.

게스트하우스와 함께 운영하는 커피숍 내부는 그녀가 좋아하는 책과 아기자기한 소품들로 꾸며놓았다. 안에 흐르는 잔잔한 라운지 음악 역시 주인장의 꾸미지 않은 심플한 감각을 엿볼 수 있는 부분. 테이블 위에 놓인 귤과 한라봉이 가득 담긴 바구니는 마을주민들이 갖다준 것이다. '레이지박스'를 거쳐간 사람들이 전국에서 보내준 엽서, 사진, 편지, 책 등의 작고 의미 있는 선물들이 곳곳에 놓여 있다. 하민주의 취향과 이곳에 머문 사람들의 흔적이 켜켜이 쌓이면서 레이지박스만의 독특한 분위기가 만들어졌다. 공간 자체의 매력도 중요하지만, 사람 사이의 관계가 공간에 부여하는 의미는 더욱 무시할 수 없다는 걸 그녀는 게스트하우스를 운영하면서 깨달았다. 그녀의 감성이 담긴 인테리어가 돋보이는 게스트하우스엔 유독 여자 손님들이 많다. 예상치 못한 인연들과 정을 나누는 재미는 서울에선 맛볼 수 없는 즐거움 중 하나다. 이곳에서 만난 사람들의 이야기나 제주에서 찾아낸 맛집 같은 소소한 소식들을 블로그에 포스팅하는 일은 하민주가 제주에서 레이지박스를 홍보하는 유일한 마케팅이다. 지금처럼 일면식도 없던 이들이 이곳에 발길을 돌리게 한 것도, 각종 매체에 인터뷰를 하게 된 것도, 그녀의 소소한 일상이 담긴 블로그의 공이 크다.

게으른 삶이 나쁘다는 건 편 견 일 뿐

여유와 게으름의 경계. 하민주는 그 접점을 찾기 위해 제주도에 왔다 해도 과언이 아니다.

"왜 사람들은 게으른 걸 나쁘다고만 보는 거죠? 아무것도 안 하고 무위도식하듯 삶을 방치하는 게으름과 바쁜 생활 중에 잠깐의 게으름은 다르다고 생각해요. 항상 똑같은 속도로 살 수 없잖아요. 가끔은 느릿느릿 게으름도 약간 부리면서 사는 것이 삶에 윤활유가 될 수 있다고 생각해요."

레이지박스를 찾는 사람들도 이곳 주인장의 마인드처럼, 쫓기듯 여행을 하기보다는 여유로운 일정으로 들르는 이들이 많다.

"겉보기만큼 이곳 생활이 낭만적이지만은 않아요. 비바람이 몰아쳐 앞마당이 엉망이 되는 일이 부지기수고, 양념이나 음료수 같은 소모품이 떨어지면 하나 사러 나가려 해도 작정하고 가야 하는 그야말로 사서 고생하는 일투성인걸요. 그럼에도 불구하고 제주도의 시골마을에서 그 어느 때보다 만족스러운 삶을 살고 있어요. 어떤 삶을 살 것인지는 자기 자신이 선택해야 할 문제잖아요. 자기 자신이 어떤 삶을 원하는지를 곰곰이 고민해보세요. 저처럼 게으르고 싶다면 도시를 떠나는 것도 나쁘지 않고요."

꼬부랑 할머니 할아버지가 되어서도
이때의 기억을 떠올리며
'참 행복했던 시절이야'라고
웃으며 되돌아볼 수 있었으면 좋겠다.

남들이 보면 여행이라고 생각하는
제주에서의 생활 이외의 또 다른 여행을
그들은 작당하고 감행한다.
일상과 여행은 결국 종이 한 장 차이가 아니던가.

잔잔한 음악이 흐르는 공간 안에서 커피를 홀짝이며 책장을 넘기다 보면 그게 바로 여유 그 자체다. 오전 8시에 일어나서 게스트하우스 손님 아침 식사를 준비하다 보면 어느 새 11시. 책도 보고, 차도 마시면서 노닥거리다가 오후 3시부터 체크인 준비를 마치면 다시 나만의 시간이 시작된다. 너무 바쁘지도, 너무 한가하지도 않은 딱 적당한 정도의 일들이 그녀를 기다리고 있다. 그렇게 주어진 시간 속에서 알맞은 속도를 유지하다 보니 일의 영역도 넓어지고 있다. 생각과 동시에 실행하는 삶을 살고 있는 것. 요즘은 게스트하우스 운영 이외에도 새로운 장소에 카페를 오픈하는 일을 앞두고 바빠질 태세다.

남편은 집 뒤편에 있는 창고를 작업실로 개조하는 공사에 한창이다. 급하게 해야 할 이유가 없으니 시간이 날 때마다 조금씩 조금씩 손을 보는데 언제쯤 끝날지 모를 일이란다. 부부의 모든 게 다 그렇다. 결과에 연연하기보다는 과정에 더욱더 큰 의미를 두고 살아간다. 다소 느려지면 어떤가. 인생이 어디 예측한 대로만 흘러가던가.

언제까지 이곳에서 살게 될지는 그들도 장담할 수 없다고 했다. 일 년, 아니면 평생이 될 수도 있다. 꼬부랑 할머니 할아버지가 되어서도 이때의 기억을 떠올리며 '참 행복했던 시절이야'라고 웃으며 되돌아볼 수 있었으면 좋겠다. 떠나는 데 적당한 시간 같은 건 없다. 떠나와서 후회를 할지언정, 다시 돌아갈 수 있는 지금 이 순간이야말로 절호의 찬스다. 그렇게 부부이자 동료, 친구가 된 하민주와 그녀의 남편은 끊임없이 무엇을 할 궁리를 하느라 여념이 없다.

제주에서 이 민 자 로 살 아 남 기

레이지박스가 입소문이 나면서 제주로의 이민(뭍에서 섬으로 이주하는 일)을 문의하는 이들이 늘어나고 있다. 일면식도 없는 사람들이 다짜고짜 집을 사려면 어떻게 해야 하느냐는 질문을 하면 여간 난감한 게 아니다.

"저희는 너무나 만족하는 생활을 하고 있지만, 사람마다 그 기준이 다르지 않을까요? 제주에 터를 잡고 계시는 분들과 만나 얘기를 하다 보면 다들 이런 고민을 털어놓곤 해요. 발품을 팔아 시간을 들여 알아낸 정보를 전화 한 통으로 해결하려는 사람들을 어떻게 대해야 할지 모르겠어요. 대개 그런 분들은 내려온다 한들, 오래 버티지 못하는 경우가 많아요. 충동적으로 무조건 어떻게든 되겠지라는 생각은 절대 금물이에요. 오직 탈출이 목적이 되면 안 돼요."

무언가를 이루려고 하기보다 삶 자체를 즐기는 데 의미를 두고 있다는 그녀의 말이다. 적어도 제주는 일상이 여행처럼 느껴지는 삶이 무언지를 알 수 있게 해준다. 제주의 공기는 남다르다. 이국적이면서도 지극히 평범한 기운이 공존한다. 그래서 제주를 찾은 사람들은 좀처럼 섬이 가진 신비한 기운에서 헤어나지 못한다. 화려하진 않지만 매력적인 분위기에 젖어들기 때문일 것이다.

제주의 겨울은 길고 추웠다. 게스트하우스의 특정상 겨울엔 대체로 손님이 없어 한가하다. 이를 핑계 삼아 일 년에 한 번은 다른 나라에서 한 달을 보내기로 한 부부는 올 초 싱가포르에서 상주하는 여행을 하고 돌아왔다. 지친 일상을 위로할 수 있는 방법은 바로 여행이라고 믿고 있는 부부. 남들이 보면 여행이라고 생각하는 제주에서의 생활 이외의 또 다른 여행을 그들은 작당하고 감행한다. 일상과 여행은 결국 종이 한 장 차이가 아니던가.

"결혼 전에 우린 꼭 일 년에 일정 기간은 외국에서 시간을 보내자고 약속을 했는데, 서울에서는 불가능한 일이었어요. 한 달에 한 번 외국 생활을 한다고 하면 다들 돈이 많나 보다 하더라고요. 비용이 많이 들 것 같지만 제주도에서 쓰는 한 달 생활비 정도로 예산을 짜요. 돈은 어떻게 쓰느냐에 따라 그 쓰임새가 다양해질 수 있잖아요. 저희는 펀드나 주식에 투자하는 대신, 젊은 날의 추억에 투자하고 있는 거고요."

이들 부부는 여행 같은 하루하루를 살기도 하지만, 또 다른 일상의 연속에 놓여 있다. 생소한 장소에서 산다는 것. 그들에게 제주에서의 생활 역시 여행, 그러니까 좀 더 긴 호흡의 소풍인 셈이다.

제주의 공기는 남다르다.
이국적이면서도, 지극히 평범한 기운이 공존한다.
그래서 제주를 찾은 사람들은 좀처럼 섬이 가진
신비한 기운에서 헤어나지 못한다.
화려하진 않지만 매력적인 생활의 공기 때문일 것이다.

하민주의
제주살기

제주에서 내 집을 갖고 싶다면 일단 살아봐야 한다!

막상 제주도에 내려와서 살고 싶어도 손 가는 일이 한두 개가 아니다. 집을 살 것인지, 직접 지을 것인지, 연계약을 할 것인지를 심사숙고해야 한다. 한 번도 도시를 떠나서 산 적이 없다면 무턱 대고 땅을 사서 집을 짓기보다 처음 몇 달은 살아보고 결정해도 늦지 않다. 제주도에 무조건 집을 사려고 하기보다, 연 250만~300만 원 정도면 풀옵션으로 된 단독주택을 임대할 수 있으니 1년 정도 살아보고 난 후 선택해도 좋다. 그러나 투자가치가 적어서 여윳돈이 아닌, 바로 돈을 빼야 하는 상황이면 큰 낭패를 당할 수도 있다. 살아야겠다는 확신이 들었다면, 알음알음으로 현지인을 소개받아 안면을 트는 것부터 먼저 시작해야 한다. 제주도는 다른 곳과 달리, 매매를 할 때 현지인이 아니면 부당한 대우를 받을 수도 있다. 비용 또한 천차만별인데, 기본 2~3명이 살 만한 집을 새로 짓는다

고 할 때 땅으로 치면 평당 60만~100만 원, 30~40평 정도가 적당하지만 대부분 땅 크기가 상당하다. 대개 몇 백 평 정도로 단위가 크니 혼자 부담하려 하지 말고 1~2명의 지인과 함께 나눠 구입하는 것도 합리적인 방법이다.

레이지박스를 거쳐간 사람들이 전국에서 보내준
엽서, 사진, 편지, 책 등의 작고 의미 있는 선물들이 곳곳에 놓여 있다.
하민주의 취향과 이곳에 머문 사람들의 흔적이 켜켜이 쌓이면서
레이지박스만의 독특한 분위기가 만들어졌다.

**#3
자유로운 영혼이 머무는 곳**

어차피 자기 생의 한가운데 선 우리 모두는 여행자다. 체질적으로 한곳에 머무르는 걸 거부하는 이들에겐 틀에 박힌 생활은 곤혹 그 자체. 수십 년 동안 같은 자리에 있어도 언젠가 떠날 것만 같은 자유로운 영혼의 소유자들을 컨트롤할 수 있는 건 이 세상에 없다(고 생각한다). 제주에는 유독 이런 마인드를 지닌 이들의 발길이 잦다. 언제 어디로 떠날지 모르지만 그 순간만큼은 누구보다 치열하게 살아가는 사람들을 만났다.

디지털

노마드의

섬 상륙기

최첨단 디지털 기기를 이용하며
고정되지 않은 공간에서 살아가는 인간형의 출현.
프랑스 경제학자 자크 아탈리Jacques Attali는 이들을
21세기에 새롭게 등장한 유목민,
즉 '디지털 노마드'라고 명명했다.
신석기시대에 한곳에 정착하여 농경을 시작한 지
1만 년 만에 인간이 다시 이동을 할 수 있게 된 건
디지털 기기 덕분이라는 사실을 더 이상 부인하긴 힘들다.
여기, 오직 휴대전화와 노트북만으로
제주에서 8년을 버틴 한 남자가 있다.
그러나 정작 자신은 디지털 노마드가 되어
제주 곳곳을 유랑하느라 시간이 그렇게나 흘러갔는지
전혀 모르는 듯했다.

Name	이담(본명 이종진)
Age	44세
Job	바람카페 오너 & 제주여행자카페 운영자 & 파워 블로거
Since	2003년 8월
In Seoul	IT관련 잡지 기자 출신으로, 벤처 기업을 창업했다 막대한 손해를 경험한 대한민국 보통 남자
In Jeju	제주의 다양한 문화 프로젝트에 동참하는 제주여행 전문가 & 드립 커피 애호가

인간이 시련에 마주쳤을 때 선택할 수 있는 길은 세 가지다. 첫째, 시련에 맞서 싸운다. 둘째, 아무것도 하지 않는다. 마지막으로 도피한다. 문제가 놓인 환경으로부터 벗어나는 것만으로도 자유로워질 것 같은 '도피'. 그가 그랬다.

IT관련 잡지 기자로 일하던 중 벤처 바람이 불어 너도나도 창업에 뛰어들던 때, 멋모르고 사업을 시작한 게 화근이었다. 비전만 가지고 시작한 사업은 몇 달을 못 버티고 휘청거렸고 자금조달에 문제가 생기자 회사를 접어야 하는 지경에 이르렀다. 모든 것을 처분한 후에 수중에 남은 거라곤 남아도는 시간과 빈털터리가 된 은행 잔고, 그리고 노트북과 카메라가 전부였다. 누구에게나 감당하기 힘든 순간이 있기 마련인데, 그에게는 바로 그때였다.

떠나는 것 외엔 그가 할 수 있는 일은 없었다. 그러니까, 애초부터 여행이나 휴식 같은 낭만적인 이유로 제주도에 온 게 아니었다는 말이다. 당시 제주도에 있는 친구에게 한 달 정도 신세를 질 요량으로 짐을 꾸렸다. 당연히 가지고 온 짐도 단출했다. 옷가지와 책 몇 권, 그리고 유일한 재산인 노트북과 카메라가 전부. 아무것도 없어 불안했지만 이내 그 가벼움에 익숙해졌다.

카메라와 노트북으로 8년을 버티다

한 달이 반년이 되고, 반년이 1년이 되더니 어느덧 8년이라는 시간이 유수와 같이 흘러갔다. 그나마 유일한 친구나 다름없는 카메라와 노트북이 있어서 가능한 일이었다. 남아도는 시간 동안 카메라로 제주도 풍경을 찍고, 노트북으로 블로그를 시작했다. 수년간 제주에 머무를 수 있었던 건 찍어도 찍어도 질리지 않는 제주의 풍경 덕분이었다. 평생 제주를 찍은 사진작가 김영갑 선생이 어제 본 하늘과 오늘 본 하늘은 같은 곳에서도 천지 차이가 났다라고 했는데, 그 말에 절로 공감이 갔다. 좁은 땅덩어리를 하루도 쉬지 않고 돌아다녔지만 매번 새로워 보이는 게 신기할 따름이었다.

 아무런 대가 없이 멋진 풍광을 펼쳐 보이는 제주의 자연은 지친 그의 마음을 위로해 주었다. 가을을 보내니, 겨울이 어떤 모습일지 궁금해졌다. 제주의 풍경에 매료되어 겨울을 보내니 성큼 봄이 되었다. 이왕 이렇게 된 거 사계절을 다 보내봐야겠다는 알 수 없는 오기가 생겼다. 남는 게 시간이었기에 가능한 일이었다. 제주가 아닌 곳이었으면 어땠을까. 아마 다른 곳이었다면, 얼마 못 가 서울로 돌아와 있었을 게 뻔하다. 하지만 반대로 날씨 때문에 하루빨리 떠나오고 싶기도 했다는 그.

아무런 대가 없이 멋진 풍광을
펼쳐 보이는 제주의 자연은
지친 그의 마음을 위로해 주었다.

"계절이 가진 매력적인 부분은 말로 설명하기 힘들지만, 가장 힘든 부분 역시 날씨 때문이에요. 막상 제주도에서 사계절을 다 보내고 나니까 도민들이 집을 벗어나지 않는 이유를 알 것 같더라고요. 언제 무슨 일이 생길지 모르는 기후는 결코 따뜻한 남쪽 나라에 대한 환상과는 거리가 멀었어요. 사면에서 불어오는 파도와 바람, 태풍 속에 갇혀본 후에야 제주도를, 이곳에 사는 사람들을 이해할 수 있게 되었어요."

날씨가 사람의 운명을 쥐락펴락할 수 있다는 사실을 제주에 와서야 알게 되었다. 모든 것을 혼자 해야 한다는 건 나를 내버려두었으면 하는 도시생활과는 다른 종류의 심리적 불안감을 동반할 수밖에 없다. 여행자에게 제주도는 달콤하고 낭만적인 곳이다. 물난리가 난다 한들, 곧 떠나야 하는 사람들에겐 두고두고 회자될 추억거리 중 하나일 뿐이다. 하지만 삶의 터전이 제주인 사람들에겐 생존과 직결되는 문제라는 걸 몇 번의 계절을 보내고서야 알게 되었다. 잃을 게 없었던 그의 심드렁한 마음을 제주의 날씨가 유순하게 만들어주었다. 너는 자연의 일부일 뿐이라고, 그러니 자신을 너무 몰아치지 말라고 다독거려 주었다.

이렇게 된 거 제주를 속속들이 들여다보기로 작정했다. 현지인들에게 좋은 곳을 추천해 달라고 하니, 집 근처를 빼고는 아는 곳이 없다는 답만 돌아왔다. 좋은 것에 대한 기준이 달라서인지, 그들에겐 너무나 익숙해서인지 동네사람이 추천한 장소나 여행사의 추천 코스나 별반 다를 게 없었다. 그는 직접 찾아 나서기로 했다. 다시 한 번 말하지만 시간은 넉넉했다. 가이드북에 소개되지 않은 동네 식당, 수준 높은 로스팅이 이뤄지는 카페, 외국인 여행자들이 먼저 알고 찾아오는 게스트하우스…. 발품을 팔아 찾아낸 주옥같은 정보들을 블로그에 올리기 시작했고, 덕분에 제주여행 전문가로 서서히 이름을 알리게 됐다.

제주도에서만큼은 여행자라고 말하기보단 생활자란 호칭이 어울리는 그이지만, 아직 그러려면 턱도 없단다. 어쨌든, 일 년을 살든 십 년을 살든 시간이 중요한 게 아니다. 제주 생활자가 아닌, 여행자라는 마음이기에 그 시간을 보낼 수 있다고 했다. 이곳을 언제 떠날지 모른다는 마음이었기에 하루하루가 마지막같이 소중하게 느껴진 게 아니었을까. 오늘 내가 커피를 마신 곳, 바다를 바라본 이름 모를 오름, 담장이 낮은 돌담길, 눈 깜짝할 새 비워낸 고기국수…. 매일매일이 일상인 사람에게는 보이지 않는 순간들이 하루도 빠짐없이 그의 카메라에 고스란히 담겨져 노트북을 통해 블로그에 올려졌다. 자신도 모르게 제주에서의 8년이 그렇게 흘렀다. 켜켜이 쌓인 그의 제주에서의 생활

잃을 게 없었던 그의 심드렁한 마음을
제주의 날씨가 유순하게 만들어주었다.
너는 자연의 일부일 뿐이라고,
그러니 자신을 너무 몰아치지 말라고
다독거려 주었다.

은 인터넷을 통해 제주여행을 준비하는 사람들에게 큰 도움이 되었고, 많은 친구들까지 생겼다. 더 이상 그는 외롭지 않았다.

커피가 생계 수단이 될 줄이야

블로그를 통해 유명 인사가 되긴 했지만, 경제적인 불안이 완전히 해소된 건 아니었다. 블로그를 기반으로 사업을 구상하기도 했다. 몇몇의 지인과 함께 여행자센터를 만들어 제주여행자들에게 양질의 정보를 제공하고, 업체로부터 광고비용을 받는 식의 비즈니스 모델이었다. 요즘이야 광고나 마케팅의 중요성을 누구나 간과하지만 당시만 해도 그러질 못했다. 그래도 어느 정도 밥벌이를 기대했지만 이내 물거품이 되었다. 그렇다고 완전히 실패라고만 할 수는 없었다. 덕분에 제주 하면 이담을 연상시킬 정도로 제주여행의 고수로 인정받게 되었으니까. 그렇게 제주에서조차 사업이 무산되자 의기소침해진 그는 유튜브를 보며 시간 보내는 일을 낙으로 삼았다.

  유튜브를 스승 삼아 평소에 좋아하던 커피를 차근차근 배워갔다. 커피를 마음 놓고 사 마실 만큼 경제적으로 넉넉지 않았던 터다. 도시에서의 자기 계발은 성공을 위한 것이 목적이었다면, 이곳에서는 하고 싶은 것을 미루지 않고 해보자는 여유로움이 생겼다.

"처음에는 돈을 조금이라도 아끼려는 이유로 인터넷을 보며 드립 커피에 대해 파기 시작했어요. 원두를 볶아서 갈고, 드립해서 마시면 생두 구입비만 있으면 되거든요. 이게 다 시간이 많아서 가능했던 거죠. 하하."

겸손하게 말하지만 그의 드립 커피 기술은 상당하다. 적어도 제주에서는 커피 전문가로 손꼽힐 만큼 입소문이 나 있을 정도다.

"커피는 술과 달리 아무리 마셔도 이성을 잃지 않잖아요. 얘기를 많이 하게 만들고, 그러면서 이런저런 작당과 일을 하게 되고요. 제주에 와서 커피를 통해 친해진 사람들이 참 많아요."

그렇게 커피라는 매개체를 통해 자칫 지루할 수 있는 일상을 버텨낼 수 있었다고 했다. 산천단에 '바람카페'를 오픈한 것도 좋아하는 커피를 혼자가 아닌, 다른 이들과 공유하기 위해서다. 제주도에 어울리는 카페를 만들고 싶은 욕심에 지인과 함께 의기투합하게 된 것. 8년이란 시간 동안 제주도를 돌아다니다가 풍수 좋기로 유명한 산천단에 자리를 잡았다.

"이곳 산천단은 남다른 기운이 있는 걸로 유명해요. 한번은 지형 특성 때문인지, 정말 알 수 없는 힘 때문인지는 모르겠지만, 돌멩이가 공중에 떠 있는 모습을 후배가 동영상으로 찍어두

아직 가야 할 길은 멀지만,
한 번 커피를 마시고 간 사람들은
잊지 않고 찾아오니
아직까지는 문제없이 버티고 있다.

었어요. 초입에 있는 600년이 넘은 곰솔이라 불리는 소나무를 지나면 반석이 나오는데, 거기서 한라산 정상이 보여요. 예전엔 이곳에서 제사를 지내곤 했다니 명당 중의 명당이죠. 기가 약한 사람들은 장소가 지닌 기에 눌릴 수 있다는데 전 이곳과 잘 맞는 것 같아요."

산천단에 터를 잡고 나서 가장 마음에 드는 점은 사계절이 바뀔 때마다 그 모습을 한눈에 확인할 수 있다는 거다. 겨울이 되면 무릎까지 눈이 쌓이고, 여름이면 신록이 우거지고, 봄이 되면 유채꽃이 만발하며, 가을에는 낙엽들로 온통 붉게 물든다. 바람카페는 2010년 4월쯤 문을 열었다. 아직 가야 할 길은 멀지만, 한 번 커피를 마시고 간 사람들은 잊지 않고 찾아오니 아직까지는 문제없이 버티고 있다.

제주와 서울의 시 차 는 없 다

자기 계발과 디지털과는 거리가 있을 것만 같은 작은 카페. 그 안에 있는 이담의 자리에는 아이패드와 스마트폰이 떡하니 자리 잡고 있다. 이것만 있으면 어디서든 일을 하고 소통을 할 수 있는 세상. 제주도도 예외는 아니다. 몸은 제주도 산천단에 있지만 누구보다 빨리 제주 소식을 블로그에 올려 세상에 알리는 일을 해온 이담은 이미 제주에서도 유명하다. 제주사람보다 제주를 잘 안다는 말이 있을 정도니까. 제주에서 이루어지는 문화 관련 행사에서 그가 빠지는 일은 좀처럼 없다.

"바람카페를 같이 만든 세 사람 중 한 명은 일산에 사는데 왔다 갔다 하며 동참하고 있어요. 카페 오픈을 별 고민 없이 함께 할 수 있었던 건 전화와 메일로 업무가 가능한 무역업 종사자였기 때문이죠. 제주도에 내려가면 고기를 잡거나 바다를 바라보는 일이 전부가 아니에요. 도시에서 했던 업무를 이곳에서도 충분히 체크할 수 있는 시대잖아요."

이런 기술의 발달은 인터넷을 베이스로 활동하는 다음^{Daum}이나 넥슨^{Nexon} 같은 대기업 본사를 제주도로 유입시키기까지 하지 않았나. 지역색이 뚜렷했던 제주가 바뀐 데는 이같이 새로운 사람들의 역할이 크다. 제주도의 상권이나 부동산에 영향을 주면서 현지인들의 경제도 활발해졌음은 물론이다. 자칫 지나친 발전으로 인해 도시화로의 진입이 가속화되는 것이 아니냐는 우려의 목소리가 없는 건 아니다. 하지만 이제 더 이상 첨단기기의 발달은 외면해야 할 대상이 아니다.

"제주에서의 삶이 무조건 아날로그적일 거라는 건 편견이에요. 첨단기기의 발달로 제주에 사는 일이 훨씬 수월해진걸요. 이

제주생활에서의 장점을 누리면서
여타의 생활이 가능한 시대인 지금,
어디에 사느냐는 큰 의미가
없다고 생각해요.

제 더 이상 지역적 거리는 중요하지 않아요. 제주생활에서의 장점을 누리면서 여타의 생활이 가능한 시대인 지금, 어디에 사느냐는 큰 의미가 없다고 생각해요. 저 역시 아이폰과 아이패드가 나오자마자 득템했는걸요."

애기를 나누는 중간중간에도 그는 문자와 메일, 트위터를 확인하느라 쉴 틈이 없다. 디지털과 아날로그적인 삶을 넘나들며 자신만의 라이프스타일을 구축하고 있는 그는 무엇보다 제주도의 새로운 변화에 동참하고 있다는 사실이 너무나 기쁘다고 했다. 외지인인 그를 받아들이고, 그의 의견에 귀 기울이는 사람들이 있어서다.

"저를 필요로 하면 어떤 일이라도 개의치 않고 참여하려고 해요. 저야말로 카페를 운영하면서 만나는 소중한 인연들, 제주도에서 알게 된 이웃주민들과 더불어 사는 법을 배워가고 있어요. 어깨너머로 배운 지식들로 한라산 학교같이 지역주민들을 위해 할 수 있는 활동을 하는 이유 역시 제가 얻은 지식을 공유하기 위해서예요. 저처럼 평범한 사람들도 이렇게 쉽게 카메라를 다루고, 커피를 내릴 수 있으니 다른 이들도 가능하다는 걸 말하고 싶거든요. 저만의 소통 방법인 셈이예요."

예전엔 도시와 떨어져 살면 뒤처질 수밖에 없었지만 이제는 다르다. 도시 일탈이 가능하게 된 가장 큰 이유? 바로 어디서든 정보를 공유할 수 있는 디지털 시대이기 때문이라는 걸 그만 봐도 알 수 있다.

이 담 의
제주살기

제주에서도   최신식 디지털 기기는   필   수

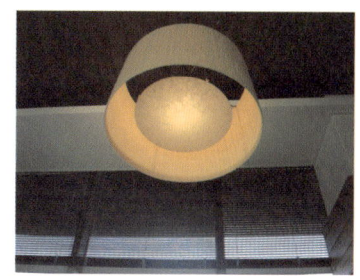

 도시를 떠나는 순간 문명의 이기에서도 벗어난다는 생각은 그야말로 편견이다. 바람카페 주인장 이담만 보더라도 누구보다 디지털 기기를 요령껏 활용하며 살고 있다. 공간의 제약을 벗어나 누구와도 어디서도 접속이 가능한 모바일 시대에 우리는 살고 있다. 더 이상 아날로그가 삶의 미덕인 시대가 아닌 것이다. 그가 이름난 파워 블로거가 된 건 순전히 기계 덕이다. 아이패드와 아이폰은 기본, 소셜 네트워크를 적극 활용하는 건 블로거의 필수사항이다. 여기에 지속적인 업데이트도 필수. 새롭거나 빠르거나! 이담의 경우, 손이 덜 탄 공간들을 남들보다 빨리, 정확하게, 냉정하게 엄선해서 소개하는 걸로 유명하다. 파워 블로거가 되는 방법을 요약하면 다음과 같다. 연장(노트북과 카메라 등)을 준비할 것, 그 안을 채울 콘텐츠(사진과 글)를 모을 것. 사람들이 알고 싶어 하는 건 크고 거대한 것이 아니다. 의외로 우리 주변에서 일어나는 사사롭고 소소한 것들이다.

저를 필요로 하면 어떤 일이라도 개의치 않고 참여하려고 해요.
저야말로 카페를 운영하면서 만나는 소중한 인연들.
제주도에서 알게 된 이웃주민들과 더불어 사는 법을 배워가고 있어요.
한라산 학교같이 지역주민들을 위해 할 수 있는 활동을 하는 이유 역시
제가 얻은 지식을 공유하기 위해서예요. 저처럼 평범한 사람들도
이렇게 쉽게 카메라를 다루고, 커피를 내릴 수 있으니 다른 이들도
가능하다는 걸 말하고 싶거든요.

청춘을 위한

아지트를 만든

메가쇼킹

제주 한림읍 협재리 1689의 1.
협재 해수욕장을 거닐다 보면 바닷물이 빠져나간
백사장과 구름 가득한 하늘 사이에 오롯이 서 있는
하얀 건물이 나타난다. 이름 하여 쫄깃쎈타.
젤리처럼 딱딱하지도 부드럽지도 않은 딱
중간상태를 일컫는 '쫄깃'이라는 단어처럼,
어디에 휘둘리지 않고 탄력적으로 살아가겠다는
의지가 담긴 듯한 이곳. 바로 메가쇼킹이라는
필명으로 유명한 고필헌의 진두지휘 아래 탄생한 공간이다.
불쑥 들어가 봤다. 아무리 봐도 멀쩡해 보이는,
8명의 남자가 펼쳐가는 결코 평범하지 않은
제주 생활 속으로.

Name	고필헌(메가쇼킹)
Age	38세
Job	만화가
Since	2010년 9월
In Seoul	만화 〈애욕전선 이상없다〉와 〈탐구생활〉를 그린 만화가 & 두터운 마니아 층을 갖고 있지만, 재밌지 않으면 금세 싫증을 내버리는 성격의 소유자
In Jeju	그리고 싶을 때 그림을 그리고, 놀고 싶을 때 노는 7명의 쫄깃 패밀리와 쫄깃쎈타를 운영하는 만화가

강풀과 함께 웹툰 만화가 1세대로 이름을 날리는 그이지만, 어느 순간 서울에서의 생활에서 벗어나고 싶은 강렬한 욕망에 사로잡혔다. 마감에 쫓겨 밤낮이 바뀐 생활도 지긋지긋했다. 답답한 도시에서 더 이상 재미를 찾기란 불가능해 보였다. 당연한 수순처럼 그림이 그려지지 않았다. 처음부터 이럴 작정은 아니었다. 왜 아니겠는가. 노는 거 좋아하고, 재밌는 일이라면 사족을 못 쓰는 그가 갑자기 무슨 바람이 불어 제주도에 정착하겠다는 걸까. 심각한 건 싫고, 진지한 건 더 싫은 고필헌의 야심만만한 제주 정복기가 벌써부터 기대된다.

처음엔 관광, 다음엔 여행, 현 재 는　정 착

잠깐 예전 얘기를 해야겠다. 그로 말할 것 같으면, 철이 들기 전부터 만화가를 꿈꿨으나 부모님의 만류로 만화가의 문하생이 되는 대신 식품영양학과에 진학했다. 서른 살까지 한식 조리사로 일하다 그만두고 그토록 오랫동안 하고 싶었던 만화를 그리기 시작했다. 뒤늦게 자신의 꿈을 찾은 그는 늦었다고 포기하지만 않는다면 결국 그 꿈을 이룬다는 걸 그때 깨달았다. 아마도 천편일률적인 방식을 따르지 않고 자신을 믿었기에 가능한 일일 것이다. 그리고 또 한 번 선택의 기로에 섰다. 도시를 떠나 제주로

뒤늦게 자신의 꿈을 찾은 그는
늦었다고 포기하지만 않는다면
결국 그 꿈을 이룬다는 걸 그때 깨달았다.
그리고 또 한 번 선택의 기로에 섰다.
도시를 떠나 제주로 거처를 옮기는 일.

거처를 옮기는 일.

　제주도를 제대로 여행한 사람들은 다시 오고 싶은 충동을 억누르기 힘들다. 고필헌도 그중 하나였다. 도시를 떠나고 싶은 마음이 커질수록, 제주도가 점점 가깝게 느껴졌다. 더 이상 도시에서의 삶이 재밌지 않다는 것이 가장 큰 이유였다. 한창 흥미진진했던 그의 활동 베이스 홍대 앞도 점점 시시해져 갔다. 부모님과 제주에 관광하러 올 때만 해도 제주에서 살게 될 줄은 꿈에도 몰랐다. 오히려 4박 5일 내내 비 내리는 해안도로를 렌터카로 달리면서 다시는 제주에 올 일이 없을 거라 다짐했다.

　그런 그가 제주도에 정착하기로 마음먹은 건 '걷기'를 통한 재발견 때문이다. 제주는 차가 아닌, 발로 걸어야 그 진가가 제대로 보인다는 걸 몇 년 뒤 올레길을 종단하면서부터 알아차린 것이다. 그때서야 비로소 제주도가 제대로 눈에 들어왔다. 올레 1코스부터 12코스를 꼬박 2주 동안 걸으면서 제주도에 매료되고 말았다. 제주 음식이 흙돼지나 갈치조림 말고도 돔베고기나 말고기 같은 별미들이 있다는 걸, 평화롭지만 그 안에는 무한한 열정이 숨어 있다는 걸 그제야 알았다.

　더 이상 망설일 이유가 없었다. 제주생활을 위해 내려온 그가 처음 터를 잡은 곳은 모슬포의 전셋집.

"내키면 그림을 그리고, 심심하면 걸어 다니면서 여유 있게 살아볼까 싶었죠. 그런데 워낙 일 벌이는 걸 좋아하기도 하고 심심하면 못 견디는 성격이기도 해서, 덜컥 무언가를 해보자 싶었던 게 바로 게스트하우스예요."

메가쇼킹이 운영하는 게스트하우스라고? 뭔가 평범하진 않을 거라 예상했지만 역시나 그다웠다. 주변에선 의아해 했지만, 하고 싶은 걸 해야 직성이 풀리는 그답게 모든 일은 일사천리로 진행됐다. 그를 잘 아는 사람들은 어차피 말려도 안 된다는 걸 알았기에 두 팔 걷고 응원해 주었다.

가장 먼저 해야 할 일은 터를 정하는 것이었다. 이왕이면 따뜻한 서귀포 쪽을 원했지만, 별로 마음에 드는 곳이 없었다. 그러던 중 협재 해수욕장 앞에 단층 주택이 나왔다는 연락을 받았다. 그곳에 도착하자마자 바로 여기다 싶었다. 비양도가 눈에 보이는 올레 14길이 지나가는 길목. 제주에서 가장 마지막에 생긴 화산섬 비양도, 그와 어우러진 에메랄드빛 바다가 환상적인 명당자리를 순식간에 쫄패들이 장악하고 만 것이다! 어떻게 리모델링할지 궁리를 하면서 겨울을 보냈다. 어차피 서두를 생각도 없었다. 시간이 날 때마다 현지조사를 빙자한 게스트하우스 투어를 다녔다. 제주맛걸리(제주산 막걸리의 애칭)를 들고 다니며 친구

정해진 건 아무것도 없었다.
내키면 하고, 싫으면 하지 않아도 되는 생활.
보는 것만으로 부족할 것 없는 제주의 풍경과
그를 배경 삼아 찍은 메가쇼킹 표 셀카는
트위터 팔로어들을 열광시켰다.

들을 하나씩 만들어 나갔다.

정해진 건 아무것도 없었다. 내키면 하고, 싫으면 하지 않아도 되는 생활. 보는 것만으로 부족할 것 없는 제주의 풍경과 그를 배경 삼아 찍은 메가쇼킹 표 셀카는 트위터 팔로어들을 열광시켰다. 그렇게 그는 늘 무슨 일을 벌일까 작당하고 도모하는 삶을 살아왔다. 그래, 그곳이 제주라고 달라질 필요는 없다.

생면부지 남자들의 '쭐깃 패밀리' 결성기

"처음엔 동네 마실을 다니면서 사람들만 만나러 다녔어요. 그러면서 저처럼 육지에서 온 젊은 사람들이 의외로 많다는 걸 알게 되었고요. 점차 새로운 사람들을 만날 수 있는 공간을 만들어야겠다 마음먹었죠. 게스트하우스들이 대부분 저렴한 비용으로 잠을 자는 곳이라는 선입견도 바꾸고 싶었어요. 가벼운 주머니로 제대로 놀 수 있으면 좋지 않겠어요?"

그에겐 뜻이 맞는 사람들과 함께 홍대 앞에 공간을 만드는 꿈이 있었다. 마음 맞는 예술가들이 모여 돈 걱정 없이 실컷 술 마시고, 춤추고, 질펀하게 놀 수 있는 공간을 만들고 싶었다. 보증금 격인 목돈은 자신이 감당하고 월세는 스무 명이 모아 내는 방식이었다. 하지만 이런저런 현실적인 이유로 무산되었다. 그러던 와중에 '제주도에 그런 공간을 만들면 어떨까?' 라는 생각으로 연결되었다(절대적으로 홍대 스타일! 강남 스타일은 사절이다). 음식점이든 술집이든 카페든 게스트하우스든 상관없었다. 일단 제주에 재미있는 공간을 만들고 싶었다. 그 꿈의 장소가 홍대에서 제주로 옮겨왔을 뿐 달라질 건 없었다. 그의 뜻에 동참하는 동생 고원헌과 후배 만화가 브루스(강민석)이 합류했다. 각자의 역할이 분명하게 나뉘었다. 아이디어 맨 고필헌, 운영과 경영은 고원헌, 그리고 게스트하우스 관리는 브루스의 몫.

"'무계획이 계획이다'가 저희의 모토였어요. 즉흥적인 선택이었지만 그 열정과 추진력만큼은 끝내준다니까요. 저는 얼굴 마담으로 이곳을 운영할 아이디어를 짜내고, 동생은 사업 경험을 살리고, 제주도가 고향인 브루스는 이곳에서 그림을 그리자는 그야말로 윈윈 프로젝트예요."

이들은 제주로의 이민을 위한 자금을 다양한 방법으로 충당했다. 그동안 모아온 돈과 약간의 대출, 그리고 티셔츠 판매로 생긴 수익이 그것이다. 티셔츠 판매는 돈도 돈이지만, 이왕이면 많은 사람들이 자신들의 꿈인 '쫄깃쎈타' 건립에 참여했으면 하는 바람에서 벌인 일이다. 그들의 캐치프레이즈 '쫄깃'이라는 문구와 메가쇼킹의 캐리커처가 크게 그려진 티셔츠 500장을 제작했다. 자신의 트위터에 티셔츠 판매 소식을 알리고 지인이 운영하는 카페에 비치했다. 결과는 한 달 만에 매진. 그렇게 생긴 수익을 들고 세 남자는 제주도로 무작정 내려갔다.

  설렁설렁 겨울을 보내고, 본격적으로 공사를 해야 하는 봄이 다가왔다. '재밌게 살자'가 삶의 화두였던 고필헌은 트위터와 블로그에 곧잘 자신의 신변잡기에 대해 올리곤 했다. 제주도 생활부터 심적 고민까지 소소한 일과 기타 등등의 일들을. 그의 트위터가 인기가 있었던 건 특유의 위트 넘치는 유머 코드 때문이다. 심각한 이야기라도 그의 글과 그림은 사람들을 웃게 만든다. 사는 게 재미없는 사람들은 곧잘 그의 트위터를 방문했고, 열광했다. 그러던 중 고필헌은 자신이 운영하는 블로그와 트위터에 제주도에 머물면서 공사를 도와줄 자원봉사자, 즉 쫄깃 패밀리 모집 공고를 올렸다. 숙식과 쫄깃쎈타 평생 이용권 제공이 옵션의 전부였는데도 불구하고, 단 하루 만에 수백 명의 지원자가 몰렸다. 엄격한(목소리가 좋아야 한다는!) 선발 기준을 통해 4명이 뽑혔다. 이들의 공통점이라고는 제주도에 살고 싶다는 것밖에는 없는, 직업도 나이도 각양각색인 성인 남성들로 일면식도 없이 동거에 들어갔다.

  하루 일과는 단순했다. 오전 8시부터 오후 5시까지 일하기. 그렇게 4개월이 흘렀다. 사이사이 바다낚시도 하고, 사색도 하고, 자전거를 타는 여유로운 생활이 보너스로 주어졌다. 쫄깃쎈타 공사 현장에는 관광객과 현지인 가리지 않고 사람들로 북적이는 통에 지루할 틈이 없었다.

"사람들은 저희를 통해 대리만족을 느끼는 거 같아요. 도시에 사는 사람이라면 누구나 이런 생활을 꿈꾸잖아요? 저희 모두 그런 사람들 중 하나였는데 말이에요."

그렇다고 낭만적인 일들만 있었던 건 아니다. 공사 담당자와 마찰이 생기면서 막일이라곤 군대에서 해본 것이 전부인 쫄깃 패밀리가 마무리를 해야 할 지경에 이르렀다. 덕분에 속도가 더뎌졌지만 상관없었다. 힘들긴 해도 정신적으로는 그 어느 때보다 평화로운 나날을 보낼 수 있었다. 잊지 못할 수많은 에피소드 중 하나. 그들의 알 수 없는 동거를 궁금해 하던 인부 한 분이 멀쩡한 청년들이 무상으로 일을 한다는 게 도저히 이해가 안 된다며 혹시 이상한 종교단체가 아니냐고 일하는 내내 의심의 눈초리를 거두지 않았던 것.

제주도가 아니었으면 평생 모르고 살았을 인연들, 쫄깃 패밀리가 아니었으면 쫄깃쎈타를 만드는 일은 불가능한 일이라고 단언한다. 단순한 관계, 평범한 일상 속에서 그들은 행복해 보였

속도가 더뎌졌지만 상관없었다.
힘들긴 해도 정신적으로는
그 어느 때보다 평화로운 나날을 보낼 수 있었다.

다. 임금을 받고 일을 했다면 이렇게까지 뿌듯하진 않았을 것이라며, 이런 재밌는 작업에 동참해서 수익금 일부를 기부하는 일 자체가 의미가 있다는 이 남자들. 아무래도 단단히 세뇌를 당한 게 틀림없어 보였다. 그들은 그렇게 구운 감귤과 제주맛걸리를 마시며 마음을 터놓는 친구가 되었다. 공사를 끝낸 뒤 '쫄깃쎈타'라는 문패를 걸었을 때의 감동이라니! 마치 군대에서 적진을 점령한 듯, 진한 전우애가 그들 사이엔 절로 넘쳐났다.

방랑하는 청춘들이여, 제 주 로 오 라 !
다시 처음으로 돌아가서 왜 이런 공간을 만들게 되었는지 묻지 않을 수 없었다. 막상 제주에 오니 마땅히 놀 만한 게 없었단다. 아무리 자연이 좋다 한들, 하염없이 바다만 바라보고 길만 걷고 있을 수는 없는 일.

"제주도의 젊은이들은 어떻게 놀까 궁금해졌어요. 외지인인 나만 놀거리가 없는 게 아닐까? 아니면 정말 없는 것일까? 제주의 젊은이들도 육지로만 나가려고 하지 말고 같이 놀 수 있는 곳을 만들어버리자 싶었죠."

그러다가 일단 저지르기로 했다. 어차피 없다면 내가 만들지 뭐! 까무잡잡한 피부와 제멋대로 자라난 수염, 하나로 질끈 묶

은 머리, 어디 하나 범상치 않은 외모를 가진 그에게 이런 색다른 면이 있을 줄이야! 생김새와 다르게 쫄깃쎈타는 깔끔하고 세련된 모양새로 꾸며졌다. 각설탕처럼 하얀 건물 안에 들어서면 온통 하얀색 천지다. 하얀색을 기본으로, 천장과 책장, 부엌은 협재의 물빛을 상징하는 물색, 유채꽃의 노랑, 그리고 감귤색으로 포인트를 줬다. 지하 1층부터 지상 1, 2층인 건물엔 28명을 수용할 수 있는 방이 5개 준비되어 있다. 이름 하여, 남자 도미토리 '내무반'과 여자 도미토리 '여대생기숙사', 그리고 커플을 위한 '애기공장'으로 나눠어 있다. 거실은 전국에서 그의 팬과 지인들이 보내준, 만화책부터 인문서적까지 2,000여 권의 책들로 빙 둘러싸여 있다. 참고로 알랭드 보통의 〈여행의 기술〉과 이병률의 〈끌림〉은 기증자가 너무 많아 더 이상 보내지 말아 달라고 당부한다.

 서재와 부엌을 나누는 아일랜드 식탁엔 과자와 젤리, 차가 담긴 유리병이 놓여 있는데 금세 비워지곤 한다. 그래도 상관없다. 비닐봉지에 담긴 음식만 빼고 마음대로 먹어도 된다는 주인장의 메모가 떡하니 자리하고 있으니까. 지하에는 DVD 시설과 탁구대가 마련되어 있고 작은 모임을 할 수 있는 공간도 있다.

 쫄깃쎈타를 찾는 손님들은 여행 자체에 연연하기보다 뒹굴뒹굴 빈둥대는 여행을 선호한다. 책을 읽거나, 졸거나, 수다를 떨거나, 알아서 자신이 하고 싶은 것을 하면 된다. 그렇다고 만만하게 보면 큰일이다. 쫄깃쎈타에 발을 들이고 싶은 이라면 명심해야 할 원칙이 있다. 제대로 놀되, 남에게 피해를 주지 않아야 한다. 이 일만큼은 어떤 경우라도 꼭 사수해야 한다. 지나친 고성방가와 과음을 했다가는 메가쇼킹에게 '뗏지뗏지'를 당할지도 모를 일.

제주에 오기 전, 고필헌은 예민한 성격에 인상마저도 차갑게 보인다는 애기를 많이 들었다. 그냥 있어도 화가 난 것처럼 보인다는 말을 하는 사람들이 많았다. 하지만 제주도에서 보낸 1년이 채 안 되는 시간이 그의 모습을 바꿔놓았다. 보는 사람마다 얼굴 좋아졌다는 말을 하는 걸 보면 말이다. 제주도는 빠른 시간 내에 자기의 속살을 보여주기보다는 오래오래 천천히 그 진가를 드러내는 곳이다. 그래서 쫄깃쎈타를 찾아오는 사람들에게 그가 한결같이 하는 말이 있다. "가능하다면 하루라도 오래 머물다 가세요."

어느 곳에도 속하지 못한 채 혼돈의 시기를 겪고 있는 청춘들은 특히 환영이다. 이곳에서 다른 이들과 자연스럽게 섞이고 소통하면서 재미난 일들을 도모했으면 좋겠다. 다양한 직업을 가진 사람들이 오고 가면서 소통하고, 재능을 공유할 수 있는 문화 아지트 쫄깃쎈타는 이제부터가 시작이다.

    느릿느릿 제주의 풍경을 만끽하고 시간에 쫓기지 않는 여행을 하는 이들이 쫄깃쎈타의 주요 고객이란다. 이미 그의 지인들은 제주도로 놀러올 만반의 준비를 하고 있는 중이다. 그동안 개인적인 이유와 공사 등의 이런저런 이유로 잠시 미뤄둔 만화가 슬슬 다시 그리고 싶어졌다. 날카롭던 눈빛도 한결 부드러워지고, 시니컬한 성격도 한층 더 유순해졌다(고들 한다). 하고 싶으면 하고, 안 되면 그만두면 된다. 단순하게 살면 삶이 즐겁다.

다양한 직업을 가진 사람들이
오고 가면서 소통하고,
재능을 공유할 수 있는
문화 아지트 쫄깃쎈타는
이제부터가 시작이다.

고필헌의
제주살기

메가쇼킹 표   게스트하우스엔
　　남　다　른　　구　석　이　　있　다

단돈 2만 원으로, 근사한 풍경이 보이는 깔끔한 숙소에서의 잠자리라니! 듣는 것만으로도 구미가 당긴다. 하지만 그것만으로는 우후죽순 생겨나는 제주의 게스트하우스에서 살아남기란 쉽지 않다는 게 메가쇼킹의 조언이다. 이에 대비해, 남과 다르지 않으면 도저히 참지 못하는 그답게 사소하지만 특별한 만반의 준비를 해두었다. 먼저 게스트들을 위해 직접 끓여내는 아침 메뉴 '메뚜기 수프'를 들 수 있다. 마트에서 산 오뚜기 수프에 제주산 감자와 양파를 듬뿍 넣어 끓이는 게 전부인데 그 맛 한번 기가 막히다. 그 비법을 간단히 소개하자면, 달군 프라이팬에 마가린을 넣어 녹인 후 적당한 크기로 썬 감자와 양파를 넣고 소금을 뿌려가며 가볍게 볶는다. 오뚜기 수프를 푼 물에 볶은 재료를 집어넣고 강하게 끓이면서 저어준다. 감자가 익을 때까지 계속 저어주다가 청량고추 간 것

과 다진마늘을 적당히 넣고 끓여주면 끝. 그 다음은 쫄깃쎈타 표 여행 코스 개발. 가이드 북에 나와 있는 뻔한 여행 코스는 사절이다. 해변가를 산책하다가 다이빙하기 좋은 장소를 발견한 것이 계기가 되었다. 이후 '구명조끼 입고 다이빙하기'가 게스트들의 단골 코스로 자리 잡을 정도로 반응이 좋다. 3m밖에 안 되는 높이지만 은근히 스릴 있다. 이왕 하는 여행, 재밌게 사는 게 삶의 모토인 메가쇼킹과 쫄패들이 함께한다면 심심할 겨를이 없지 않을까.

각설탕처럼 하얀 건물 안에 들어서면 온통 하얀색 천지.
하얀색을 기본으로, 천장과 책장, 부엌은 협재의 물빛을 상징하는 물색,
유채꽃의 노랑, 그리고 감귤색으로 포인트를 줬다.
거실은 전국에서 그의 팬과 지인들이 보내준,
만화책부터 인문서적까지 2,000여 권의 책들로 빙 둘러싸여 있다.

까칠한
예술가의
제주 로맨스

빈티지한 스웨터에, 자신의 체격보다는
조금 작아보이는 오버롤을 꼭 끼게 입고 있는 모습이,
어쩐지 우스꽝스럽기도 하고 묘하게 인상과
어울리기도 한다. 이두원이 풍기는 남다른 포스는
그의 작품이 과연 어떠할지, 기대치를 극대화시키는
아우라를 가지고 있다. 처음 만난 이두원은 경쾌하지만
비정상적인 모습이었다(여기서 비정상은 평범하지 않다는
뜻이니 부디 오해는 금물). 이두원의 옷차림,
말투와 표정 그리고 작품. 이 모든 것이 나에게는
언뜻 생소하기만 하다. 그러고 보니 어디선가
비슷한 사람을 본 듯도 하다. 그래, 조르바,
〈그리스 인 조르바〉의 주인공. 감정에 솔직하고
본능에 충실한 조르바처럼 날것의 뉘앙스가
느껴지는 이두원. 평생 이런 사람을 한 번이라도
만날 확률은 과연 얼마나 될까.

Name	이두원
Age	28세
Job	제주의 자연을 그리는 화가 & 사조직 라퓨타밴드 기타리스트
Since	2009년 봄
In Seoul	정형화된 미술과 정착민의 생활을 거부한 채 자유롭지만 내심 불안했던 예술가
In Jeju	이중섭 창작 스튜디오 최연소 입주 작가로, 운명의 상대와 함께 제주도에 안착한 동네 작가

예민한 기질을 타고난 예술가와 함께 사는 건 꽤나 피곤한 일일 것만 같다. 만약이라도 친한 친구가 사랑에 빠진 남자의 직업이 예술가라고 한다면 두말할 것도 없이 헤어지라는 충고를 건넬 것이다. 하지만 예술적 기질을 갖고 있는 사람들이 매력적인 건 부인할 수 없다. 그래서 나를 비롯한 대다수의 사람들은 그들의 삶을 지켜보는 것만으로도 흥미진진해진다. 예술가를 지칭하는 이들 대부분은 일반적인 삶과 다소 거리를 두려 하는 경향이 강하다. 그들은 본능적으로 섬에 대한 강렬한 동경을 가지고 있다. 격리된 섬이 가진 물리적, 감정적 거리감은 평범함을 거부하는 그들에게 틀림없이 매력적인 존재이지 않을까. 인상파 화가 고갱이 가족을 버리고, 파리를 떠나 남태평양의 타히티 섬에서 여생을 보낸 것처럼 말이다. 여기, 그들처럼 서울을 떠나 제주도에 터를 잡고 그림을 그리는 사람이 있다.

이두원. 그의 이름이 생소하다면 몇몇 언론 플레이에 능숙한 아티스트들과 달리 보수적인 미술계의 전형적인 절차를 무시하고 자신만의 길을 고집하기 때문일 게다. 이두원에 대해 관심을 갖게 된 건 모 주얼리 브랜드와의 컬래버레이션 작품을 우연히 본 다음부터다. 서로 어우러지기 어려운 요소들, 고급스러운 이미지가 중요한 주얼리와 키치한 이두원의 화풍이 만나 한

예술가를 지칭하는 이들 대부분은
본능적으로 섬에 대한
강렬한 동경을 가지고 있다.
격리된 섬이 가진 물리적, 감정적 거리감은
평범함을 거부하는 그들에게
틀림없이 매력적으로 다가온다.

눈에 봐도 파격적인 작품을 내놓았다. 그렇게 이두원 작가의 존재를 인식하던 차에, 그가 제주에 정착해 결혼도 하고 그림을 그리며 살고 있다는 얘기를 전해 들었다. 그 뒤 몇 차례 제주에 드나들면서 이중섭미술관에 전시된 이두원의 작품을 보게 되었다. 그의 작품들은 장르의 틀에 가두기엔 종잡을 수 없는 자유분방한 느낌이 가득했다. 미술계 소식에 귀를 쫑긋 세우고 이름을 알리려고 한창 고군분투할 스물여덟의 나이에, 제주도까지 내려온 화가 이두원의 속내를 들어보고 싶었다.

꿈만 같은 제 주   정 착   프 로 젝 트

날이 어느새 어둑해졌다. 이두원을 만나기로 한 장소, 서귀포시에 위치한 이중섭미술관 창작 스튜디오에 도착한 시간은 정확히 오후 4시. 그와 만나기로 한 시간보다 빨리 약속 장소에 도착했다. 그때 갑자기 벨소리가 울리며 휴대전화 너머로 어리숙한 듯 천진난만한 목소리가 들려왔다. 누군가를 만나고 있다며 일단 자기 쪽으로 올 수 있냐고 묻는 이 남자의 목소리. 왠지 모르게 흥미로운 구석이 느껴졌다. 그가 머물고 있는 창작 스튜디오 바로 옆 작은 커피숍 안엔 그리고 단정할 수밖에 없는 한 남자가 작은 스케치북에 그림을 그리고 있었다. 말투 못지않게 독특한 차림새를 하고서.

"이모, 커피 맛있게 내려줘요. 서울에서 저 보러 오신 손님들이에요."

곱슬거리는 머리에 짙게 화장을 한, 말하자면 복고풍 스타일의 다방 주인은 단골인 듯한 그의 부탁에 눈을 찡긋하더니, 이내 달그락 소리를 내며 꽃무늬 커피 잔을 내려놓았다. 어쩐지 1980년대적 분위기가 물씬 느껴지는 이곳에서만큼은 공간과 사람, 사람과 사람 사이를 매우 가깝게 하는 묘한 기운이 형성된다. 과연 예민한 예술가가 감당할 수 있을까 싶은데, 그는 동네사람 역할을 아주 잘해내고 있었다. 아니 이중섭미술관 주변의 알 만한 카페 주인들과 이미 누나 동생 사이가 된 듯했다. 카페들을 순회하며 커피 마시는 일은 그에겐 그림 그리는 것만큼 중요한 일이다. 동네주민의 특권이라 할 만한 편한 옷차림으로 거리를 어슬렁거리며 이 카페 저 카페로 마실 다니는 일은 그의 하루 일과에서 빼놓을 수 없다.

"제주도에 자리를 잡은 건 이중섭 작가 때문인가요?"

"누구 때문이라고 하기가 참 애매해요. 단지 그림을 그릴 수 있는 공간이 절실했어요. 이중섭 작가의 그림을 좋아하지만 그렇다고 그 때문에 제주도에 내려온 건 아니었어요. 매달 작업실

감귤 창고나 누군가가 버려
폐허가 된 건물,
육지로 떠난 주인이 돌아오지 않는 집들을
아티스트들에게 제공하는
레지던스 프로그램을 보고
이거다 싶었죠.

임대료 때문에 이곳저곳을 전전하던 중, 감귤 창고나 누군가가 버려 폐허가 된 건물, 육지로 떠난 주인이 돌아오지 않는 집들을 아티스트들에게 제공하는 레지던스 프로그램을 보고 이거다 싶었죠. 짐을 꾸리고 제주도에 내려왔는데, 이게 웬걸요. 춥고, 배고프고, 아프고. 그래도 버틸 만했어요."

모든 것이 과부하된 도시에서 어디에도 속하지 못한 채, 겉도는 삶을 살 수밖에 없었던 이두원이 제주도에 오게 된 가장 큰 이유는 이토록 간결했다. 제주도를 마음에 두고 있었다기보다는 그림을 그리려면 제주도로 올 수밖에 없었던 것. 캔버스와 물감을 펼칠 수 있는 서너 평의 공간만 있으면 모든 것이 행복했던 시절이었다. 유난히 추운 겨울, 제주도의 어느 빈집 차가운 방바닥에 앉아 그림을 그리기 시작했던 그때로부터 1년 반이 훌쩍 지나가 버렸다. 한가로운 시간 속에서 그는 그림 그리기를 멈춰본 적이 없다. 어느 것에도 구속받지 않고 그림을 그리고 싶은 바람은 간절했지만, 어쩔 수 없이 그림을 계속 그려야 하나라는 고민이 깊어질 무렵, 제주도에 내려오게 되었으니까.

다행히 그는 여전히 그림을 그리고 있다. 그러는 사이 평단에서 이두원에게 관심을 가지기 시작했다. 장르를 규정지을 수 없는 그의 그림을 보고 형식을 초월한 경계 없는 그림이라며 놀라움을 나타내기 시작했다. 그도 그럴 것이, 이두원이 그림 그리는 방식은 그야말로 본능에 충실하다. 어렵고 복잡한 의미를 담기보다 사람들이 그림을 보는 순간, 가슴에 탁 와닿을 수 있는 순간적 감정에 더 의존한다. 유명한 작품을 보고 이게 왜 대단한지 대중이 가슴으로 이해할 수 있는 경우가 얼마나 될까? 이두원의 그림은 다르다. 단순하고 즉흥적이고, 직관적이다. 마치 어린아이가 그린 그림과 비슷한 순수한 구석이 느껴진다.

"그림은 테크닉이 아니다. 자신이 그리고 싶은 걸 그리면 된다."

얼마 전 독일에서 열렸던 전시회의 큐레이터가 그에게 한 말은 큰 힘이 되었다. 이두원은 그림을 잘 그리기보다 다른 그림을 그린다. 그렇게 인도, 베트남, 네팔을 떠돌며 그림을 그리던 이두원은 제주도에 터를 잡으면서 어느 정도 불안감에서 해방되었다.

유니버설 노마드 부부의 탄 생 일 화

제주도가 그에게 남다른 또 하나의 이유는 이곳에서 운명처럼 아내를 만났기 때문이다. 연애도 아니고, 결혼이라니! 자기 몸 하나 감당하기 힘들었던 그에게 결혼은 어쩐지 안 어울리는 조합이다. 올레 6길 어디쯤이었을 거다. 담배를 사러 가게에 들어

이두원의 그림은 다르다.
단순하고 즉흥적이고, 직관적이다.
마치 어린아이가 그린 그림과 비슷한
순수한 구석이 느껴진다.

서자마자 그곳에 있던 아내 손선애를 보고 첫눈에 반해 한 달 만에 결혼을 하게 되었다. 참고로, 그가 어디를 가나 손을 잡고 함께 다니며 "제 아내예요"라 소개하는 그녀는 이두원보다 9살 연상의 미모의 리포터 출신 여인이다. 미국에 머물다 방송 복귀를 준비하던 차에 제주도로 놀러왔는데 정체 모를 남자로부터 뜻밖의 프러포즈를 받았던 것. 순식간에 스파크가 일어난 두 사람은 고민할 겨를도 없이 초스피드로 부부가 되었다. 영화 속에서나 나올 법한 로맨틱한 스토리가 이루어질 수 있었던 건 순전히 제주도여서가 아니었을까. 그렇게 자신밖에 모르던 남자는 한 여자를 제주도에서 만나 한 가정의 어엿한 가장이 되었다.

"제 아내는 원래 리포터를 하던 방송인 출신이에요. 순전히 저 때문에 제주도에 내려와 있지만 정말 강단 하나는 끝내줘요. 저랑 결혼한 것만 봐도 알 수 있지 않나요? 이제는 아내가 '우리는 유니버설 노마드다'라고 할 정도로 저한테 동화되었어요. 결혼을 하고 제주도에 정착한다고 하니까 방송인이 제주도에서 뭘 하려고 하냐며 다들 어이없어했지만. 여기서도 할 일이 없진 않아요. 크고 작은 행사도 적지 않고 가끔 프리랜서로 방송 출연도 하고 있어요. 재주 많은 와이프 덕분에 굶지는 않아요."

화려한 스포트라이트가 없다 뿐이지 이곳에서도 그동안 해왔던 일들의 연장선상에서 크게 벗어나지 않는 일들을 하고 있다.

"매일 토닥토닥거리면서 싸워요. 아내는 저보고 언제 철이 들 거냐고 잔소리를 하고 전 잘 모르겠다고 맞받아치죠. 하하. 하지만 결국 제가 져요. 제주도에선 남자보다 여자들이 기가 세거든요."

오늘도 아내한테 혼나고 나왔다면서 집에 일찍 들어가 봐야 한다고 말하는 본새가 어딘가 예술가의 이미지와 거리가 멀다. 예민한 예술가의 흔적은 찾아볼 수 없고, 그저 사랑에 빠진 평범한 남자처럼 보인다.

동네 화가의 다 짜 고 짜 생 존 법

배고픈 아티스트들이 그러하듯, 이두원 역시 그림을 그리는 것만으로는 생활을 꾸려나가는 일이 호락호락하지 않았다. 게다가 연고가 없는 제주도에서는 더더욱. 먹고살 궁리를 하느라 버스 운전 아르바이트를 할까 심각하게 고민하기도 했다. 대형버스 운전면허 시험에서 22번이나 낙방한 끝에 결국엔 포기했지만 말이다. 차가 없으면 이동이 원활하지 않은 제주도에서 자동차는 소장 필수품 1호. 하지만 이두원에겐 차를 살 돈이 있을 리 만무했다. 궁하면 통한다고 했든가. 지금 그의 운송수단인 1990년대

산 콩코드 자가용으로 말할 것 같으면, 그림과 물물교환을 통해 얻은 것이다. 여기에서 끝이 아니다. 치과의사에게 그림을 주는 조건으로 임플란트를 하기도 하고, 한의원에 관상용 그림과 한약을 교환하는 식으로 필요한 생필품을 그때그때 충당한다. 정말이지 상상치 못할 어이없는 거래에 웃음이 나오고 만다.

"돈은 없지만 그림을 그릴 수 있으니 그걸로 웬만한 건 해결이 돼요. 나중에 엄청나게 유명해진다는 저의 감언이설에 속아 들 주세요. 제주도가 아닌 다른 곳에서는 아마 이러고 살 수 없을 거예요."

까칠한 예술가마저 기꺼이 동네주민들과 끈끈한 유대관계를 맺는 제주도라. 이런 곳이 또 어디 있을까 싶다. 이주민들이 대부분 지난한 도시생활을 훌훌 털고 온 사람들이라 그런지 욕심은 없고 여유는 넘친단다. 주변 지인들과 결성한 '라퓨타밴드'도 그런 사람들과 함께 만든 소소한 모임 중 하나라고 했다.

"레지던스 옆옆 건물에 있는 미루나무 카페에 뻔질나게 드나들다 그곳 주인장과 형 동생 하는 사이가 되었어요. 제주를 더욱 특별하게 만들어준 마누라지만, 잔소리할 때면 여느 남자들처럼 욱할 때가 있죠. 혹은 그림이 잘 그려지지 않을 때나, 딱히 할 일이 없을 때면 기타를 퉁기며 노래 부르는 습관이 생겼어요."

돈은 없지만 그림을 그릴 수 있으니,
그걸로 웬만한 건 해결이 돼요.
제주도가 아닌 다른 곳에서는 아마
이러고 살 수 없을 거예요.

몸과 마음의 컨디션이 안 따라줄 때가 누구나 있게 마련이다. 그런 순간, 노래를 부르는 일은 이두원이 그림을 그리는 일과 같은 선상에서 자신을 컨트롤할 수 있는 유일무이한 일탈이다. 제주가 아닌 곳에서는 그림이 그려지지 않으면 술을 진탕 마시는 일로 시간을 허비했다던 그다.

"예술가는 보통사람들과 달라야 한다는 강박관념이 있어요. 반항도 아니고, 객기도 아니고 그냥 모든 것을 삐딱하게 바라봐야 직성이 풀렸던 거 같아요. 남들처럼 행복하면 절대 좋은 그림이 나올 수 없다고 생각했었거든요. 그런데 제주도에 내려와서 그동안 나를 지배했던 생각들이 하나둘 바뀌기 시작했어요. 예술가는 행복하면 안 돼? 왜? 라고 생각해 보니, 사람들이 만들어놓은 이미지에 내 삶이 휘둘리고 있구나 싶었죠."

중독성 있는 창작의 공간에서 제 주 를 관 망 하 기
이중섭 창작 스튜디오 3층에 위치한 그의 작업공간은 스무 평은 거뜬히 돼 보이는 널찍한 곳이었다. 문을 열자마자 풍기는 물감 냄새와 진한 담배 냄새를 맡는 순간, 그가 여기서 얼마나 많은 시간을 보내는지 알 수 있을 것만 같았다.

"저 같은 신진작가에게 이렇게 멋진 공간을 선뜻 내어주는 곳

은 아마 제주도밖에 없을걸요. 기회를 주었으니 저도 그에 맞는 보답을 해야겠다는 마음에 열심히 하려고 해요. 전시회 준비는 성의를 다할 수밖에 없죠. 받은 게 있으니 최선을 다해야겠다는 생각이 저절로 들어요. 강요하는 사람이 없어도 알아서 열심히 하는 거 보면 저 스스로도 대견스러울 정도예요."

공간을 활용하는 것도 작가의 몫. 벽 한쪽 구석에는 작은 싱글 침대를 놓고, 공간의 중간쯤 소파와 책상을 두었다. 그림들은 바닥에도, 벽에도, 천장에도 그가 원하는 곳 여기저기에 걸려 있었다. 형식에 얽매이지 않는 공간 배치가 역시나 이두원다웠다. 작업실 주인은 자기인 양, 이두원 작가와 동고동락하는 고양이가 태평스러운 포즈로 소파와 그림 사이를 유유자적 거닐고 있었다.

그가 머물고 있는 작업실 창문 너머로 이중섭의 그림과 같은 풍경이 한눈에 들어온다. 바다 저 편으로 두 개의 섬이 보인다. 그중 서귀포 수평선에 떠 있는 섶섬의 풍경은 그에게 고요한 열정을 불러일으킨다.

"시시각각 변하는 제주의 바다는 3D 영상이 따로 없을 정도예요. 하루 종일 풍경을 바라보고 있으니 시간 가는 줄 모르겠더라고요. 처음에는 할 일도 없고, 적응도 안 되고, 그냥 종일 바다만 바라보고 있었어요. 매일 보는 곳인데도 매번 다른 모습이더

그림들은 바닥에도, 벽에도, 천장에도
그가 원하는 곳 여기저기에 걸려 있었다.
형식에 얽매이지 않는 공간 배치가
역시나 이두원다웠다.

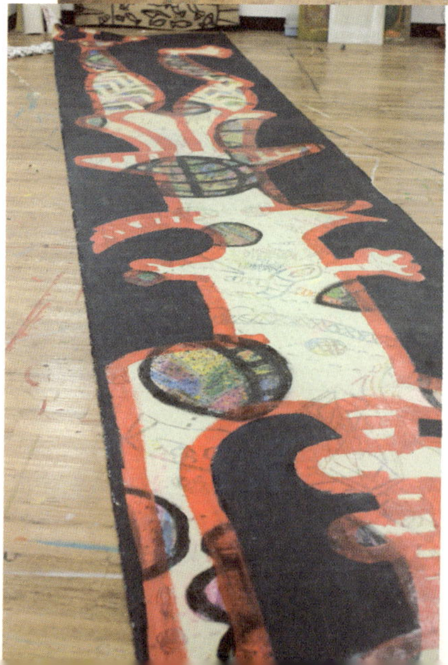

군요. 바다와 산, 하늘과 바람이 가득한 제주의 풍경은 헤어 나오기엔 거부할 수 없는 중독성이 있어요. 한곳에 오래 머물다 보면 지루하고 익숙해지기 마련인데 제주도는 그렇지 않아요. 오히려 하루도 같은 날이 없다고 느껴질 만큼 자연의 변화가 끝내주죠. 그런 것이 그림을 그리는 데 자극이 되는 건 물론이고요."

제주도에 내려와서 달라진 게 있다면 모든 작품의 영감을 자연에서 받는다는 것. 그림이 그려지지 않을 때는 멍하니 풍경을 바라보고, 그러다가 뇌리에 불현듯 영감이 스치면 붓을 든다는 이두원만의 작업 스타일은 얼마 전 열린 개인전인 〈두원산수전〉에 오롯이 담겼다. 이 전시에서는 제주에서 작업하지 않았더라면 나올 수 없는 그만의 결과물을 엿볼 수 있다. 그러나 상대적으로 포기하고 받아들여야 하는 것들도 많다.

"사면이 바다로 둘러싸인 제주의 바다는 마주하는 것만으로도 힘이 달려요. 몇 일만 있어 봐도 금방 알 수 있어요. 자연이 가진 기가 세서 진이 빠져버린 날이 수도 없었죠."

바다, 하늘, 바람, 사람 그 어느 것 하나 만만치 않은 제주에서는 주도권을 가지려고 애쓰기보다 그 흐름에 자신을 맡기는 편이 현명하다는 걸 이제는 알 것 같다고 했다.

처음에는 할 일도 없고, 적응도 안 되고,
그냥 종일 바다만 바라보고 있었어요.
바다와 산, 하늘과 바람이 가득한 제주의 풍경은
헤어 나오기엔 거부할 수 없는 중독성이 있어요.

노마드를 길들인 제 주

"원래 싫증을 잘 내는 편이에요. 한곳에 안주하게 되면 심심해 미칠 것 같거든요. 몇 개월만 지나도 온몸이 근질근질해지고, 건수가 없나 두리번거리게 되고. 그런데 제주에 와서는 뻔한 삶이라고 생각했던 결혼과 정착을 한꺼번에 해치웠어요. 이건 분명 제주도가 마법을 걸어서 가능한 일인 거 같아요."

결혼을 한 후 주소지를 제주도로 옮기고 나서 빼도 박도 못한 채, 제주도민으로 살고 있다. 어느새 1년을 훌쩍 넘겨 2년이 다 되도록 제주도 서귀포시에 위치한 작업실에서 벗어나지 못하고 있다.

"하루에도 몇 번씩 날씨가 바뀌어요. 아침에 태양이 쨍하고 떴다가도, 두세 시간 있으면 갑자기 비바람이 몰아쳐요. 그러다가 우산을 들고 나서면 언제 그랬냐는 듯이 활짝 날씨가 개어요. 오랜만에 서울에 갈까 하다가도 날씨가 안 좋으니 다음에 가야지를 몇 번이나 되풀이했는지 몰라요."

종잡을 수 없는 날씨 탓인지, 사랑하는 아내가 곁에 있어서인지 그는 오늘도 제주도에 머물러 있다. 물론 그가 완벽하게 도시에서의 생활을 잊은 건 아니다.

"많은 사람들이 제주도에서 아예 정착했냐고 묻곤 해요. 제대답은 '아니오'예요. 그건 어디든 마찬가지 아닌가요? 그게 제주도든, 서울이든, 뉴욕이든 간에 영원히라고 장담하기엔 인생이 어떻게 될지 아무도 모를 일이잖아요. 지금은 이렇게 만족하지만 내일 문득 어디론가 떠나야겠다 싶으면 주저 없이 짐을 꾸리고 있을 거예요. 달라진 게 있다면 이젠 혼자가 아니라 둘이라는 사실이에요."

이두원의
제주살기

레지던스 프로그램에서
길 을   찾 아 라 !

　주머니 사정 때문에 작업공간이 마땅치 않은 아티스트라면, 레지던스 프로그램을 백방으로 수소문하기 바란다. 그림, 음악, 글, 도예, 조각, 사진 등 문화와 관련된 작업이면 지원 가능하지만, 화가들을 위한 공간이 가장 많다. 여기서 재능은 없는데 의욕만 앞서는 건 금물. 적어도 작품 활동을 하는 데 평생을 바치겠다는 각오가 뒤따르지 않으면 당연히 자격 미달이다. 전국 각지에 레지던스 프로그램이 속속 생겨나고 있지만, 천혜의 자연경관이 예술인 제주도에서 작업을 하는 건 잊지 못할 경험이 될 것이다. 특히나, 무명작가에게도 작업실을 무료로 대여해 주는 프로그램이 제주도엔 은근히 많다. 이두원 작가가 지원한 문화공동체 쿠키 주관 '빈집 프로젝트'를 비롯해서, 이중섭미술관 창작 스튜디오나 제주현대미술관의 저지문화예술인마을 창작 스튜디오 등이 일정 기간 머물며 작품 활동을 할 수 있는 레지던스 프로그램을 운영하고 있으니, 관심을 갖고 꾸준히 체크해 보도록 하자. 재능과 열정을 겸비한 아티스트라면, 현실을 탓하며 불평불만을 터트리는 시간에 제주도로 떠나는 걸 적극 권장한다. 지금이야말로 회색도시를 벗어나 마음과 눈을 정화할 절호의 기회다.

그가 머물고 있는 작업실 창문 너머로
이중섭의 그림과 같은 풍경이 한눈에 들어온다.
바다 저 편으로 두 개의 섬이 보인다.
그중 서귀포 수평선에 떠 있는 섶섬의 풍경은
그에게 고요한 열정을 불러일으킨다.

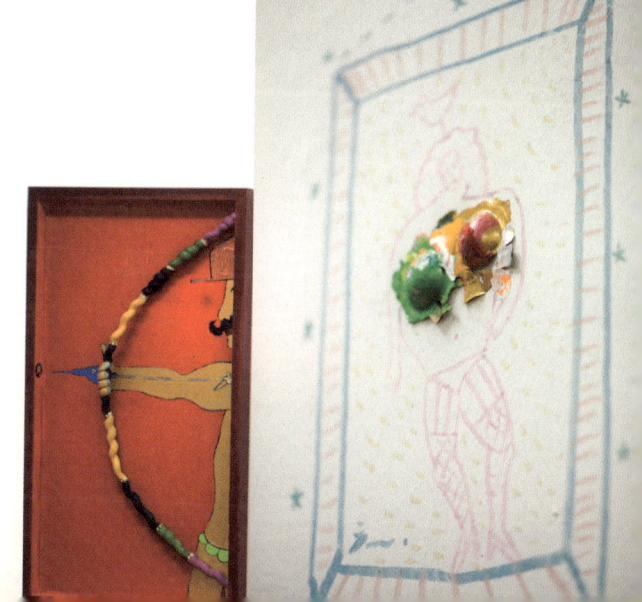

#4
**결국, 그들이 고향으로
되돌아온 까닭은?**

누구나 고향은 있다. 하지만 그 고향에 대한 단상은 제각각이다. 제주가 고향인 이들은 공통의 소망이 있다. 부디 섬을 떠나 뭍에 뿌리를 내릴 수 있기를, 더 넓은 세상에서 내 꿈을 펼칠 수 있기를 바라는 것. 허나 어찌 된 연유인지 시간이 지나면 다시들 제자리로 돌아온다. 체념도 아닌, 기대도 아닌, 원래부터 그 자리에 있었던 것처럼, 그렇게 제주에서 또다시 각자의 삶을 살아간다.

제주에서
멀티플레이어로
사는 법

서머싯 몸Somerset Maugham의 〈달과 6펜스〉에 나오는 문장을 보자
그녀가 생각난 건 당연한 일이었다.
"어떤 사람들은 반드시 돌아가야 할 곳을 가지고 태어나는 것 같다.
우연으로 인해 이들은 다른 곳에 떨어져서
특정한 환경에 둘러싸이게 된다.
하지만 항상 그들이 알지도 못하는 고향에 대한 향수를 가지고 있다."
도시 여자의 뉘앙스가 강하게 느껴지는
이혜연의 고향이 제주도라는 건,
그녀가 먼저 말하지 않았다면 절대 알아차릴 수 없었을 것이다.
정작 자신은 언젠가는 다시 돌아오게 될 줄 알았다고 말하지만 말이다.

Name	이혜연
Age	32세
Job	카페 메이飛 오너 & 영어통역사 & 자원봉사자
Since	2010년 4월
In Seoul	외국계 미디어 관련 회사에서 10년 동안 마케터로 활동한 전문직 종사자
In Jeju	꽃과 차가 어우러진 카페 운영 & 통역과 자원봉사를 통해 재능을 기부하는 사회활동가

1월의 제주는 한산함을 넘어 황량한 분위기마저 감돈다. 수많은 관광객들로 한바탕 북새통을 치르고 난 후 섬 전체가 본격적인 휴식으로 들어가는 시기. 그래서인지 1월에 만난 이곳 사람들의 얼굴에선 모처럼 만에 여유로움이 묻어난다. 하루키의 표현을 빌리자면 필요한 만큼의 여운이 남아 있는 셈. 그래서 제주도 본연의 모습과 마주하고 싶다면 겨울에 떠날 것을 권하고 싶다. 겨울의 제주도는 대체로 외롭고 스산한 풍경이지만, 잘만 찾아보면 현지인들만이 알 듯한 생동감 넘치는 곳들이 곳곳에 숨어 있다. 바로 카페 '메이飛' 같은 곳 말이다. 이른 시간인데도 이미 카페는 제주도의 젊은 사람들이 죄다 몰려온 듯 북적이고 이곳저곳에 활기가 가득 넘친다.

"안녕하세요, 사장님."

"그래 왔어? 오늘 입은 옷 예쁘다. 못 보던 건데?"

카페지기 이혜연은 막 들어선 앳된 얼굴의 소녀들과 살가운 대화를 나누느라 정신이 없다. 제주 올레 6길의 중간, 이중섭 거리에 위치한 메이飛는 제주도에서도 감각 있고 스타일리시한 이들이 즐겨 찾는 장소로 유명하다. 한 번 다녀간 사람들은 저마다 단골을 자처하고, 여행 중 우연히 들른 관광객들도 잊지 않고 이곳에 다시 찾아온다. 주인의 탁월한 영어실력 혹은 국제적으로

겨울의 제주도는 대체로
외롭고 스산한 풍경이지만,
잘만 찾아보면 현지인들만이 알 듯한
생동감 넘치는 곳들이 곳곳에 숨어 있다.
바로 카페 '메이飛' 같은 곳 말이다.

통하는 놀라운 친화력 덕분일까, 카페 곳곳에는 외국인 손님들도 적지 않게 눈에 띈다.

신사동 가로수길이나 홍대 앞에 위치한 내로라하는 카페 뺨치는 인테리어며, 공간을 채우고 있는 흥미로운 손님들, 공기부터 생동감이 넘쳐나는 특유의 활달한 분위기, 이보다 더 눈길이 가는 건 이혜연의 표정이었다. 그 사람이 행복한지 아닌지는 얼굴 표정을 보면 단박에 답이 나온다. 행복한 사람은 표정부터 다른 법. 그 기운이 옆에 있는 사람에게도 바이러스처럼 덩달아 전달된다. 꼭 10년 만에 제자리로 돌아온 이혜연의 표정이 딱 그렇다. 젊은이를 찾아보기 힘든 서귀포시에서 그녀의 존재는 유독 눈에 띌 수밖에 없다. 심지어 그녀는 아무리 봐도 천생 도시 여자다. 아담한 키에 커다란 눈은 새침하고 도도해 보이기까지 한다. 거기에 회색 원피스와 검정 스타킹의 세련된 옷차림은 섬 처녀 이미지와는 거리가 멀다. 차근차근 차분한 화법과 시간이 지나도 두고두고 기억에 남는 미소 띤 표정. 내 또래일 법한 그녀가 그렇게 편안하면서도 여유로운 얼굴을 하고 있는 이유가 궁금해졌다.

돈은 적게 벌지만 그때와 비교할 수 없을 정도로
하루하루가 즐거워요. 돈이 아닌,
여유를 제 삶의 우선순위로 선택했기에
누릴 수 있는 호사 아닐까요?

우선순위를 바꾸니 인생이 달라졌다

"고향이 제주도예요. 워낙 좁은 동네다 보니 사소한 일도 금방 소문이 나곤 했죠. 그땐 그게 어찌나 숨이 막히고 답답하던지 하루빨리 고등학교를 졸업하고 제주도를 벗어나 다른 곳으로 진학하기만 학수고대했어요. 섬에 사는 아이들은 육지에서의 생활에 대한 막연한 기대 같은 게 있거든요. 모두들 성인이 되면 떠날 날을 손꼽으며 기다려요. 저도 그런 아이 중 하나였고요."

원하던 대로 제주를 떠나 대학 졸업을 한 후 외국계 미디어 기업에서 착실하게 커리어를 쌓고 있던 어느 날, 청천벽력 같은 소식이 제주도에서 날아왔다. 바로 아버지의 건강이 악화되었다는 것이었다. 전국 각지에 흩어져 있던 가족들이 하던 일을 정리하고 하나둘 부모님 곁으로 돌아왔다. 더 늦기 전에 함께할 수 있는 시간을 갖기 위해서였다.

"아빠가 아프다는 사실은 가족 모두에게 이루 말할 수 없는 상실감을 안겨줬어요. 어서 빨리 제주도에 내려가야겠다는 생각밖에 안 들 정도로요. 언젠가 다시 돌아갈 거라는 걸 무의식적으로 알고 있었던 거 같아요. 빡빡한 서울에서의 생활에 지칠 대로 지쳐 있을 때이기도 했고요. 연봉은 6,000만 원이 훨씬 넘었지만 늘 일상에 쫓겨 마음 편할 때가 없었던 거 같아요. 10년 뒤에 어떤 모습일까 생각해 보니 도저히 답이 나오지 않았어요. 지금요? 돈은 적게 벌지만 그때와 비교할 수 없을 정도로 하루하루가 즐거워요. 돈이 아닌, 여유를 제 삶의 우선순위로 선택했기에 누릴 수 있는 호사 아닐까요? 무엇보다 부모님께서 오랫동안 타지생활을 하다 고향으로 돌아온 딸과 함께하는 시간을 행복해하시는 게 가장 뿌듯하죠."

사람은 많고, 집값은 비싼 서울에서 번듯한 집이라도 마련해 살기란 여간 힘들지 않다. 제주에 정착한다고 마음먹었을 때, 가장 위안이 되는 건 바로 집값 고민이 사라진 거였다.

"제주도 집값이 얼마인 줄 아세요? 월세 대신, 연세로 집을 임대하는 경우가 대부분인데 방 5개가 딸린 어엿한 집의 연세가 300만 원 정도 해요. 한 달에 25만 원? 그것도 상당히 비싼 축에 든다니까요. 서울에서 이런 비슷한 집을 구하려면 0이 하나 더 붙어야 할 거예요. 서울 친구들이 제가 아파트에 산다고 하면 놀라요. 제주도에도 아파트가 있냐면서요. 일은 바닷가 근처에서, 생활은 아파트에서 하는 건 자연의 풍광을 만끽하면서 편리함을 포기할 수 없다는 갈등 끝에 내린 타협점이에요."

지인들에게 이런 얘기를 해주면 부러움 섞인 푸념을 늘어놓는단다. "제주도가 고향이라서 좋겠구나. 나도 너처럼 제주도에 내려가서 살까"라고.

"하지만, 어느 곳에서든 자신이 진정 원하는 것이 무엇인지를 모르면 아무 소용이 없지 않을까요? 제주도이기 때문에 누릴 수 있는 것들이 많은 건 분명하지만요!"

제주가 고향이 아닌 사람들에겐 얄밉게 들릴 수 있지만 맞는 말이긴 하다. 그녀도 제주에 정착하기까지 이 고민을 게을리하지 않았다.

자연과 어우러지는 카페를 만들기까지

제주도에 내려오기로 결정하고 나서부터는 현실적인 문제에 직면했다. 무슨 일을 하면서 살지 몇 날 며칠을 고민했는지 모른다. 워낙 사람 좋아하고 집 안 꾸미기를 즐겼던 그녀는 35년 동안 제주도에서 꽃집을 운영하는 엄마와 여동생과 함께 2010년 7월 꽃과 차가 함께하는 카페 메이飛를 열기로 결정했다. 서울의 신사동 가로수길이나 홍대 거리에서나 볼 수 있을 법한 카페를 제주도에 만드는 일이 쉽지 않다는 건 일을 벌이고서야 알게 되었지만 말이다.

"풍경 좋은 제주도에서 카페 앞에 의자를 두거나 테라스를 만드는 것 자체가 불법이라니 어이가 없었어요. 간판 하나 내 마음대로 걸 수 없다는 사실 앞에선 기가 막혔죠. 내가 태어나고 자란 곳에서 작은 가게 하나 만드는 일이 이처럼 힘들다는 걸 미처 예상치 못했어요. 조명이나 간판을 다는 것도 모두 관청의 허락을 받아야 했으니까요. 물론 어느 정도의 기본적인 규제는 필요하다고 봐요. 하지만 시대와 상황에 걸맞지 않는 규율들은 누구를 위한 건지 도저히 납득이 가지 않았어요. 가만히 있으면 달라질 게 없다 싶어 무작정 구청이며 관공서를 찾아다니고 설득하느라 고생했던 기억이 나네요."

제주도가 가진 고유의 모습에 자유스러운 분위기를 만끽할 수 있는 카페를 만들고자 했던 계획이 수포로 돌아갈 수 있었던 순간, 그녀는 해외의 카페 거리 사례들을 조사해서 구청 담당자를 찾아가기를 거듭했다. 그러기를 여러 번, 결국 우여곡절 끝에 지금의 공간을 만들 수 있었다. 베이징의 신톈디新天地나 도쿄의 지유가오카自由が丘처럼 걷고 싶고, 머물고 싶은 동네가 되었으면 하는 그녀의 진심이 통하는 순간이었다. 천지연폭포와 올레길을 지척에 둔 개성 넘치는 작은 카페 메이飛는 그렇게 힘겹게 탄생했다.

"제주에서 젊은 사람들이 할 수 있는 일이란 게 별거 없어요. 여기서도 선생님이나 공무원같이 안정적인 직종이 최고의 직업

천지연폭포와 올레길을 지척에 둔
개성 넘치는 작은 카페 메이飛는
그렇게 힘겹게 탄생했다.

샘솟는 아이디어로 독특한 카페를 꾸려 나갈 때,
그 밑바탕에는 당연하지만 많은 이들이 간과하기 쉬운,
분명한 원칙이 있었다. 제주를 가장 돋보이게 할 것,
저 혼자 잘난 카페가 아니라
주변과 어우러지는 카페를 만들자는 것이었다.

이에요. 고향을 떠나는 이유 중 하나가 불 보듯 뻔한 직업들 때문이기도 해요. 카페를 만들지 않았으면 아마 영어강사가 제일 할 만한 직업이었을 거예요. 하지만 좀 더 창조적이고 적극적인 일을 해보고 싶었어요. 그러다가 자연스럽게 카페를 떠올리게 된 거죠. 우리 세대는 카페 키즈라고 해도 될 만큼, 카페 문화가 중요하잖아요. 탁월한 자연경관을 갖고 있는 서귀포에 내가 가고 싶은 카페를 만들자 싶었죠. 얼마 안 있으면 저희 가게 근처에 카페 서너 개가 오픈할 예정이라고 해요. 이런 카페들이 모여서 거리의 분위기를 만들고, 그러면서 젊은이들의 발걸음을 자연스레 끌어들일 수 있지 않을까요? 상인들이 자발적으로 카페를 만들고, 꾸미는 일을 시에서도 긍정적으로 도와줬으면 좋겠어요. 카페를 제대로 꾸미고 운영하는 일도 제가 살고 있는 동네를 더욱 풍요롭게 하는 중요한 역할일 테니까요."

메이飛의 독특한 분위기는 이혜연이 학창시절부터 지금껏 30개가 넘는 나라를 여행하면서 보고 느낀 경험과 감각들이 적절히 섞인 덕분이다. 강렬한 주황색과 하늘색으로 과감하게 칠을 한 벽면은 남미의 어딘가를 연상시킨다. 곳곳에 놓인 이국적인 접시나 화분, 장식품 같은 오브제 또한 예사롭지 않다. 비비드한 컬러의 원목 가구들과 테이블보나 쿠션으로 포인트를 준 요소들은 그녀의 모든 오감을 동원해서 꾸며놓은 것들. 벽 하나 사이로 문을 열면 통행이 가능한 카페와 꽃집은 자유자재로 이동이 가능하다. 샘솟는 아이디어로 독특한 카페를 꾸려 나갈 때, 그 밑바탕에는 당연하지만 많은 이들이 간과하기 쉬운, 분명한 원칙이 있었다. 제주를 가장 돋보이게 할 것, 저 혼자 잘난 카페가 아니라 주변과 어우러지는 카페를 만들자는 것이었다.

"제주는 그 자체가 아름다운 곳이에요. 하지만 요즘 생겨나는 커다란 건물들을 볼 때면 마음이 아파요. 유명 건축가 누가 만들었다고 해서 가보면 숨이 콱 막힐 것만 같더라고요. 물론 그 자체로는 멋질 수 있어요. 그러나 그건 제주가 아닌 어디서라도 볼 수 있는 것들이 아닌가요? 자연을 문화로 활용하고, 그 환경을 유지하는 것이 제주도에 있는 저 같은 젊은 사람들의 역할이라고 생각해요."

천지연과 보목포구를 곁에 두고 마시는 차 한 잔, 맥주 한 병은 그냥 음료가 아니다. 다른 데선 돈 주고도 살 수 없는 '자연'이라는 존재의 고마움을 아는 조화로운 카페 메이飛에서만 맛볼 수 있는 특별한 메뉴다.

모든 것이 나를 중심으로 돌아가는 제 주 라 이 프

그녀의 일상을 통해 제주의 삶이 느리기만 할 거라는 예견은 보기 좋게 빗나갔다. 원한다면 제주에서도 아주 빠른 템포로 살 수 있다. 단지 그 속도를 결정하는 게 나의 능동적인 선택이라는 것, 그것이 도시의 속도전과 다른 점이다. 이혜연의 일상은 제주에서 빠른 축에 속한다.

"제주도도 엄연히 사람들이 사는 곳인걸요. 마음만 먹으면 카페 운영 말고도 할 일이 없지 않아요. 제주도에 은근히 외국인들이 많이 상주하고 있어요. 그들을 설득해 업무나 공부가 끝나는 저녁시간에는 교육의 혜택을 적게 받은 사람들에게 영어를 가르쳐주고 있어요. 일종의 재능 기부인데, 제가 가진 걸 다른 사람들과 나누고 싶은 작은 실천인 셈이에요. 제주도가 전국에서 이혼율과 편모율이 가장 높다는 사실을 아는 사람들이 별로 없더라고요. 조부모 밑에서 자라는 아이들은 교육에서 방치될 수밖에 없는 게 현실이에요. 그 아이들에게 미래를 선물해 주고 싶은 마음에서 제가 가진 달란트를 나눠주자 싶었죠."

서울에선 회사를 다니는 일이 생활의 전부를 차지했다면 지금은 직업을 하나만 꼽기 힘들 정도로 많은 일을 하고 있다. 덕분에 이혜연 이름 뒤에는 카페 오너이자 영어동시통역사, 자원봉사자까지 다양한 직함이 붙게 되었다. 그만큼 시간적으로나 심적으로나 여유가 생겼다는 말이기도 하고, 제주도에서도 잘만 찾으면 할 수 있는 일들이 많다는 걸 의미한다. 제주도에서의 생활이 오히려 그녀의 커리어를 풍부하게 만들어준 셈이다.

그전에는 미처 생각지도 않았던 사회적 책임감이 생긴 것도 그녀에겐 놀라운 변화다. 쇼핑하고, 영화 보고, 커피 마시는 일이 여가시간의 전부였던 게 불과 1년 전인데! 자기밖에 모르는 도시 여자였던 그녀는 제주가 선물한 놀라운 일상에 감동했고, 그 고마움을 제주에 되돌려줘야겠다 마음먹은 것이다.

"서울에선 언제나 우선순위가 나였어요. 지지 않으려고 아등바등 살았고, 손해 보는 일은 절대 하면 안 되는 줄 알았으니까요. 이제는 타인을 위하는 것이 나를 위한 삶이라는 걸 배우고 있어요."

내가 할 수 있는 일, 하고 싶은 일을 통해 내가 살고 있는 제주에 조금이나마 보탬이 되길 바란다. 더 이상 월급보다 비싼 잇백을 사려고 세일 기간을 기다리며 쇼핑을 하는 것도, 한 끼에 몇만 원씩 하는 레스토랑을 찾아다니는 일도 그만두었다. 거기에 쏟았던 관심을 내가 살고 있는 동네에 기울인다. 젊은 사람들이 절대적으로 부족한 서귀포시가 좀 더 활기찬 동네가 되었으면 좋겠다. 고향을 떠나 방랑하는 이들이 원한다면 어려움 없이 이 곳에 정착했으면 좋겠다. 이런 생각들이 머릿속에 가득하단다. 태어나 20년을 살았고, 10년이 지나 다시 돌아온 그녀에게 제주는 우리가 흔히 생각하는 고향 이상의 의미를 지니고 있다. 열정 넘치는 그녀에게 제주는 고향을 넘어 신세계나 다름이 없다. 은퇴 이후 노년의 삶을 꾸리는 곳이 아니라, 현재를 살아가야 하는 곳이 바로 제주이기 때문이다.

이혜연의
제주살기

제주도민이 여름을 보내는
색 다 른 방 법 이 있 다 !

　제주가 매력적인 이유는 어디든 30분 이내면 바다에 갈 수 있다는 점이다. 바캉스 시즌이 와야 큰맘 먹고 떠날 수 있는 보통의 도시사람들과는 차원이 다르다. 햇볕이 작렬하는 모래사장에 누워 에메랄드빛 바다를 바라보며 마시는 시원한 맥주 한 잔이라니, 상상만으로도 마구 부러워진다.
　"날씨가 좋아지면 맥주와 치킨을 싸가지고 외돌개 절벽으로 다이빙이나 하러 가야겠어요."
　바다 구경하러 가는 걸 마치 옆집 친구네 집에 놀러가는 듯 말하는 이 결정적 한마디만으로 그녀의 삶이 한껏 부러워졌다. 재미있는 건 제주도민들은 낮에 바다에 가지 않는다는 사실이다. 해가 없는 어둠이 내린 밤 바다에서 수영하는 걸 즐긴다. 올누드로 달빛 아래서 출렁이는 파도를 가르면 무릉도원이 따로 없다나 뭐라나. 외부인이 아닌, 현지인이 되고

싶다면 밤바다에서의 수영을 경험해 보는 건 어떨까.
 자, 다음은 잠자기에 대해서. 제주도민들은 한곳에서 잠을 잘 자지 않는다. 무슨 말인고 하니 이혜연의 경우, 부모님과 따로 독립된 생활을 하고 있는데도 불구하고, 주말이나 별다른 일이 없을 때는 제주 곳곳에 있는 펜션이나 민박, 호텔을 섭렵한다. 한마디로 매일이 여행이고 소풍인 셈이다. 만약 제주에서 머물 생각이라면 한곳에 잠자리를 정하기보다는 이틀 단위 정도로 잠자리를 바꿔보자. 짐 싸기가 귀찮다고? 여행 와서 내 집처럼 편안하고만 싶다면 나오질 말아야지. 자고로 여행이란 좀 귀찮아야 제맛 아닌가!

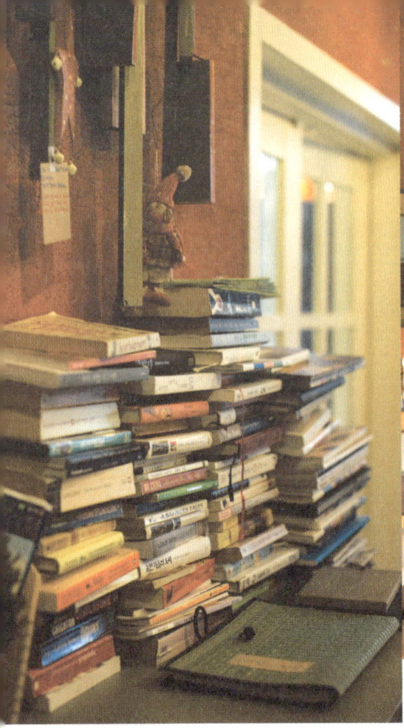
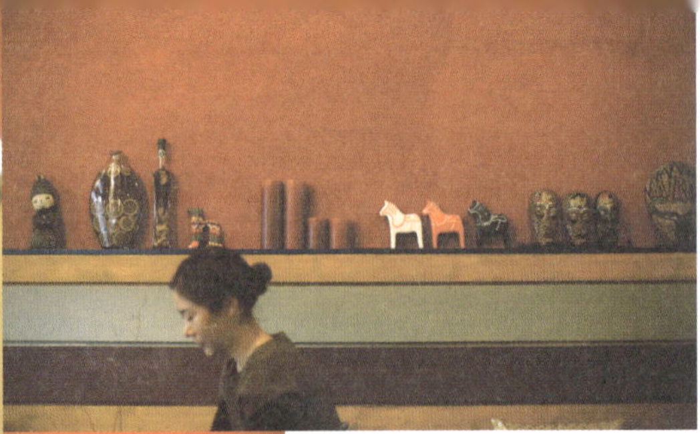
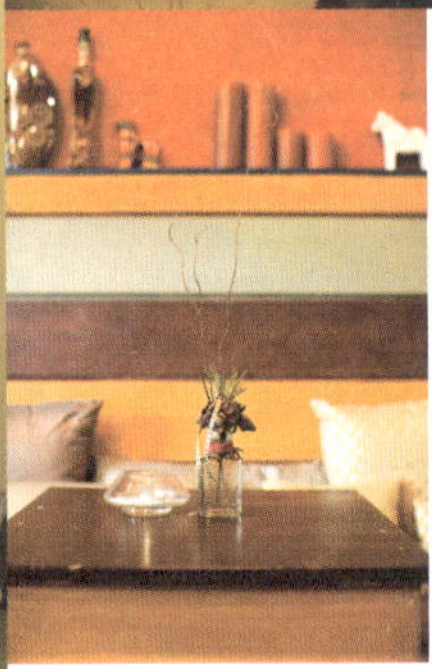
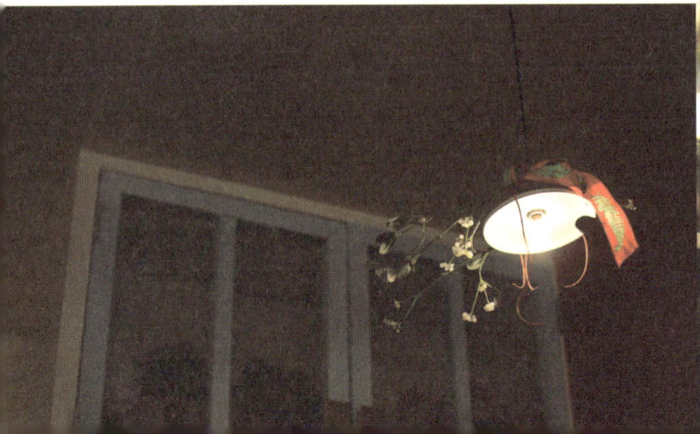
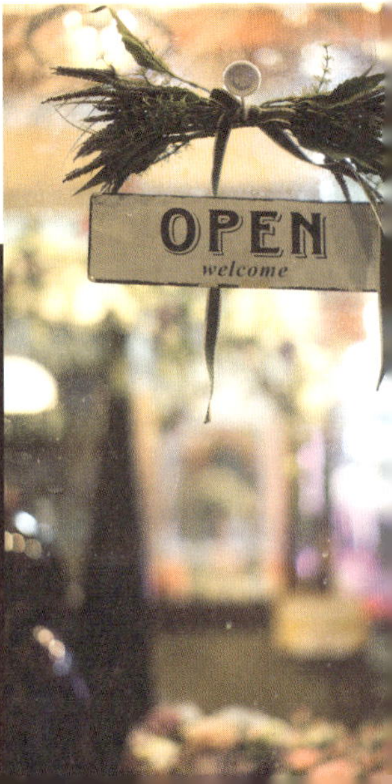
OPEN
welcome

강렬한 주황색과 하늘색으로 과감하게 칠을 한 벽면은 남미의 어딘가를 연상시킨다.
비비드한 컬러의 원목 가구들과 테이블보나 쿠션으로 포인트를 준 요소들은
그녀의 모든 오감을 동원해서 꾸며놓은 것들.
벽 하나 사이로 문을 열면 통행이 가능한 카페와 꽃집은
자유자재로 이동이 가능하다.

느슨한

제주에서

나를 붙잡다

철들기 전부터 떠나기만을 학수고대했던 박경필은
소망이 이루어졌을 찰나, 자신의 의지와는 관계없이
다시 제주도로 내려와야만 했다.
꿈을 위해 그가 제주에서 할 수 있는 일은
오직 한길을 걷는 것뿐이었다.
모든 게 느리게 돌아가는 이곳에서
경계해야 하는 대상은 그 누구도 아닌 나 자신.
타인이 아닌, 오직 자기 자신이 경쟁자가 되는 제주에서,
음악을 하기 위해 홀로 고군분투하는
박경필을 만났다. 앞만 보고 달리다 보니
어느덧 6년이란 세월이 지났지만 상관없었다.
이제야 비로소 자신이 경계해야 할 대상이
누군지 알게 되었으니까.

Name	박경필
Age	33세
Job	레코딩 엔지니어 & 음반 제작자
Since	2005년
In Seoul	서울생활에 적응하지 못하고 홍대 앞을 전전하며 음악에 빠져 지낸 20대 청년
In Jeju	레코딩 스튜디오 소리공간과 음반 제작사 핑크문을 운영하며 음악과 동고동락하는 남자

열아홉 살 소년은 성인이 되자마자 기다렸다는 듯이 제주를 떠났다. 뻔한 스토리처럼 들리겠지만 좀 더 넓은 세상이 보고 싶었고 새로운 세상을 온몸으로 느껴보고 싶었다. 어쨌거나 서울로 가는 비행기 안에서 다시는 이곳에 내려오지 않겠노라 다짐하고 또 다짐했던 기억만은 아직도 생생하다.

갑작스러운 아버지의 부고를 전해 듣기 전까지 제주는 그에게 더 이상 되돌아가고 싶지 않은 땅이었다. 아버지의 죽음으로 인해 제주도로 다시 내려오게 된 후 그의 마음에는 끝없는 번민들이 일렁이기 시작했다. 지난 2년간 한 번도 집에 다녀간 적 없이 오로지 음악에만 파묻혀 지냈던 자신의 무심함을 자책할 수밖에 없었다.

"왜 그랬을까? 저 자신한테 얼마나 물었는지 몰라요. 넌 무얼 하고 싶었던 거니? 그래서 어쩔 수 없었던 거니? 묻고 또 묻고… 너무 괴로웠어요. 그땐 그냥 그랬어요. 부모님께 죄송한 마음이 너무 큰 나머지, 더 이상 음악을 하거나, 그림을 그리는 일들이 무의미해졌으니까요."

남들은 그것을 시련이라 혹은 실패라 부르기도 한다. 그래서 좌절하거나 포기를 하는 경우가 많다. '방랑은 인간을 고향집으로 이끌고 모든 길은 고향집으로 향해 있다'는 헤르만 헤세Hermann Hesse

의 말처럼 이 모든 게 정해진 수순이었을지 모른다. 그는 그림도, 음악도 뒤로한 채 모든 것을 내려놓고 제주도 서귀포의 끝, 모슬포 항구 근처에서 식당을 운영하는 어머니 곁에 머물며 식당 일을 열심히 도왔다.

자신이 원하는 일을 하는 게 부모님에겐 죄를 짓는 것 같다는 죄책감에 사로잡혀 그렇게 1년을 살았다. 그런 아들이 안쓰러웠던 어머니는 다시 음악을 해볼 걸 권유했다. "이만큼이면 됐다, 더 이상 아파하지 말아라"라며 등을 두들겨주는 어머니의 눈빛이 마치 면죄부처럼 느껴졌다. 지금 시작해도 늦진 않았을까라는 두려움이 없진 않았지만, 여기서 더 멀리 가면 안 된다는 걸 알고 있었다. 더 이상 후회하고 싶진 않았다.

하지만 여기는 제주였다. 혼자 계신 어머니를 두고 떠날 수는 없었다. 모진 아들이 되는 건 한 번이면 족했다. 다시 한 번 현실이 그의 발목을 붙잡았다. 박경필이 하고 싶은 건 음악이었다. 노래를 만들고, 많은 사람들이 그 노래를 들어주는 상상만으로도 가슴이 뛰었다. 하지만 제대로 된 공연 하나 보기 힘든 제주도, 문화의 불모지라 손꼽히는 그곳에서 과연 어떤 음악을 할 수 있을지 감이 잡히지 않았다. 그는 제주도를 떠날 수 없었고 꿈을 포기할 수도 없었다. 그에겐 달리 선택의 여지가 남아 있지 않았다. 더 늦기 전에 제주에서 자신이 그토록 좋아하는 음악을 하기로 결심했다. 이번에는 도망치지 않기로 했다. 그에게 물을 차례다. "그토록 벗어나고 싶었던 제주에 다시 돌아와서 후회하지 않나요? 그래서 당신은 이곳에서 꿈을 이뤘나요?"라고.

인생을 걸 수 있는 꿈을 만나다

한때 화가를 꿈꿨던 청년, 그는 걸음마를 했을 때부터 그림을 그리는 게 참 좋았다. 학창시절 내내 한시도 화가에 대한 꿈을 접어본 적이 없었다. 그러나 부모님의 반대는 완강했다. 자신의 아들이 세상에서 가장 배가 고프다는 직업으로 알려진 화가가 되길 바라지 않으셨던 것. 그림을 그리는 일로 밥벌이를 한다는 게 쉽지 않음은 예나 지금이나 마찬가지가 아니든가. 포기하기엔 지난 시간이 너무나 아까웠고, 부모님의 뜻을 꺾는 것 또한 불가능한 일처럼 보였다.

　우여곡절 끝에 계원예대 '서양학과'에서 '영상디자인과'로 전공을 바꾸는 걸로 일단락되었다. 순수 그림은 아니지만 그림을 그리는 일과 별반 다를 게 없겠다 싶은 선택이었다. 부모님은 그저 그림 그리는 일만 아니면 된다는 생각에 전과를 허락하시는

그토록 벗어나고 싶었던
제주에 다시 돌아와서 후회하지 않나요?
그래서 당신은 이곳에서 꿈을 이뤘나요?

듯했다. 그러나 전교에서 유일하게 섬 소년이었던 박경필은 자신이 기대했던 것과 다른 학교 분위기에 적응하지 못하고 밖으로 돌기 시작했다. 그때서야 종이에 그림을 그리는 일과 영상을 디자인하는 일은 엄청나게 다르다는 걸 깨달았다. 학교에 적응하지 못한 그는 대신 홍대 인디클럽을 드나드는 일이 잦아졌다.

"홍대 인디 문화는 그전에는 한 번도 접하지 못한 문화적 충격이었어요. 처음엔 록과 힙합에 빠져 지내다가 직접 내 손으로 음악을 만들어보고 싶다는 욕심이 생기더라고요. 까닥까닥 박자를 타게 되는 비트의 매력에 금세 빠져버리고 만 거죠. 자연스럽게 클럽 음악을 듣다가 DJ 크러시와 섀도의 음악을 들으면서 컴퓨터 음악에 발을 들이게 되었어요. 그땐 평생 이걸로 밥벌이를 하게 될 줄은 꿈에도 몰랐지만요."

외로움을 이기기 위해 들었던 음악, 그런 음악에 빠져 지내는 생활은 그로부터 수년간 계속되었다. 대부분의 음향 엔지니어들은 악기를 다루거나 작곡을 하다가 시작하는 반면 그는 그야말로 맨땅에 헤딩하는 격이었다. 홍대 근처를 전전하며 독학으로 기초부터 하나둘 익혀 나가는 게 전부였지만 실전에서 습득한 것들은 돈 주고도 배우기 힘든 살아 있는 경험이었다. 학교는 이미 때려치운 뒤였다. 부모님에게는 사실을 알리지 않았다. 그림을 그리는 일이나 음악을 하는 일이나 반대하실 게 뻔하다는 판단에서였다.

"무작정 음악을 들으면서, 컴퓨터 음악 하는 친구들과 작업을 통해 경험을 쌓았어요. 그때만 해도 홍대 앞에서 인디신이 시작될 무렵이었는데, 요즘 한창 많이 알려져 있는 MC 스나이퍼나 다이나믹 듀오는 그 당시 같이 음악 하던 친구들이에요. 혈기왕성한 그 시절엔 먹고사는 문제 따위는 고민도 아니었죠. 스물한 살 정도로 기억하는데, 그때 음악에 모든 걸 걸어야겠다고 결심했던 거 같아요."

이게 아니면 무얼 하고 살아야 할지 모르겠다는 마음에서, 이것만큼 좋아하는 일을 다시 찾을 수 없어서였다. 학교에 적응하지 못하고 밖으로 나돌던 섬 소년은 음악을 만나면서 돌파구를 찾았다. 그림에 대한 미련은 이내 극복했지만, 음악은 달랐다. 밀쳐내면 낼수록 간절해질 뿐이었다.

원하는 일이 분명하면 길 이   보 인 다

"혹시 그거 아세요? 제주도가 인구 대비 음악 하는 사람들이 많다는 사실이요. 알려지지 않아서 그렇지, 제주에서도 아마추어와 프로 뮤지션들이 곳곳에서 활발하게 활동하고 있어요."

그렇다고 대책 없이 20대 때처럼 무조건 음악만 하겠다고 고집할 순 없었다. 마냥 예전같이 음악을 하기엔 현실적인 문제를 배제할 순 없으니까. 음악을 하면서 돈을 벌 수 있는 일이 필요했다. 그래서 생각한 것이 레코딩 스튜디오였다. 다행히 그에겐 서울에서 컴퓨터 음악에 빠져 지내면서 어깨 너머로 익힌 레코딩 기술이 있었다. 음악에서 소리로 스펙트럼이 확대되었을 뿐 언제나 음악이라는 큰 맥락 안에서 표류했다. 서울에서 음악 작업을 하며 여러 스튜디오에서 쌓은 레코딩 경험을 살려 제주도에 레코드 스튜디오를 차렸다. 음악과 가장 가까이 있으면서 돈도 벌 수 있는 최선의 선택이었다.

지금이야 제주도에서 이뤄지는 레코딩 일은 거의 그가 도맡아 할 정도로 자리를 잡았지만 처음 문을 열었을 때만 해도 모든 것이 미지수였다. 소리에 관련한 일이라면 이것저것 가리지 않고 할 수 있는 일은 닥치는 대로 다했다. 그를 거쳐간 교육생들은 수도 없었다. 차근차근 이름이 알려지면서 레코딩 스튜디오로 자리를 잡게 되자, 비로소 내 것을 하고 싶다는 욕구가 강렬해졌다. 레코딩 스튜디오에선 녹음 이외의 일 말고 그가 관여할 수 있는 일이란 없었다. 항상 앨범이 발매되면 아쉬움이 많았던 박경필은 한 번 더 용기를 내기로 했다.

그렇다고 대책 없이 20대 때처럼
무조건 음악만 하겠다고 고집할 순 없었다.
마냥 예전같이 음악을 하기엔
현실적인 문제를 배제할 순 없으니까.

제주도에서 음반 제작사를 차리는 일은,
예상했겠지만 결코 쉽지 않은 일이다.

"레코딩은 남의 음악을 다루는 일이잖아요. 직접 기획도 하고 유통도 하는 음반 제작을 해보고 싶었어요."

제주뿐만 아니라, 음반 마니아들 사이에서도 알아주는 LP판 음악 카페 '제주소년블루스'를 운영하는 오랜 지인 김형주 씨. 음악이라는 공통분모만으로 그와 의기투합해 '핑크문'이라는 음반 제작사를 만들었다. 서로 잘할 수 있는 부분을 보완하는 관계인 그들은 핑크문 표 웰메이드 앨범을 만드는 일에 혼신의 힘을 기울이고 있다. 제주도에서 음반 제작사를 차리는 일은, 예상했겠지만 결코 쉽지 않은 일이다.

"같이 일을 벌인 형주 형에게 언젠가 이런 말을 한 적이 있어요. 내가 형의 눈이 되어줄 테니까 형은 나의 다리가 되어달라고요. 서로에게 없는 부분을 맞춰 나가면서 우리가 그동안 꿈꿔왔던 일을 벌여보자고 했죠."

그렇게 의리와 열정으로 탄생한 핑크문은 지금까지 두 장의 연주 앨범을 발매했다. 첫 번째 앨범은 음악 마니아들 사이에서 전설의 기타리스트로 불리는 들국화 최구희의 연주 앨범. 야인처럼 전국을 돌아다니는 그를 3년 동안 설득한 끝에 앨범 작업을 하게 되었는데, 음악 고수들에게 큰 호응을 얻으면서 소장가치를 인정받았다. 첫 앨범의 성공에 힘입어 두 번째로 제주 출신의 작곡가 곽진의 앨범을 발매했다.

"아티스트 선정 기준은 마음을 움직이는 음악을 해야 한다는 거예요. 음악도 음악이지만 마인드 자체도 괜찮아야 해요. 아무리 실력이 뛰어나도 거만한 태도의 사람들하고는 일하지 않는다는 원칙을 갖고 있어요. 이익을 위해서 한다기보다 하고 싶어서 하는 일인데 굳이 마음이 통하지 않는 사람들과는 음반 작업을 하고 싶진 않거든요."

까다롭다는 생각이 들 찰나, 어디까지나 좋아서 하는 일이라면 그럴 만도 싶었다. 앞으로는 제주의 숨겨진 음악인들을 발굴해 내는 작업을 지속적으로 해나갈 생각이다. 올해로 다시 제주도에 내려온 지 6년째가 되어간다. 돌아오고 나서부터 그토록 좋아하는 음악과 멀리해서인지, 부모님에 대한 죄책감 때문인지, 적응하지 못하고 꽤 오랫동안 방황을 했다는 그. 그러나 제주도가 고향이라는 것, 제주도에 살고 있다는 것, 이 모든 것들이 만족스러운 요즘이다. 불현듯 하와이 해변 앞 자신의 집에서 기타를 치며 부른 노래를 녹음해 세계적인 뮤지션으로 거듭난 잭 존슨 Jack Johnson 이 떠올랐다. 들어주는 사람 하나 없는 바다를 바라보며 하염없이 노래를 불렀다는 그의 행복한 마음이 담긴 노래는 듣는 이에게도 그대로 전해진다. 아무런 기반도 없이, 어떠

아무런 기반도 없이, 어떠한 대가도 바라지 않고, 제주라는 섬에서 묵묵히 자신이 하고 싶은 길을 걷고 있는 사람이라니.

한 대가도 바라지 않고, 제주라는 섬에서 묵묵히 자신이 하고 싶은 길을 걷고 있는 사람이라니, 왠지 모르게 멋지게 느껴졌다.

나의 경쟁자는 바 로   나   자 신

박경필의 녹음실이 위치한 일도2동은 우리가 생각해 온 제주도와는 거리가 먼 주택가. 서울과 별반 다를 바 없는 이 동네는 이국적이거나 낭만적일 거라는 상상과는 거리가 멀다.

"제주도에 여행이 아닌 살기 위해 오는 거라면 사람들이 모여 있는 동네여야 불편하지 않아요. 바닷가 근처에서는 해녀나 어부, 펜션 운영자 이외에 바다와 관련된 직업이 아닌 사람들을 만나기가 극히 드물어요."

제주라면 으레 바다가 보이는 집이어야 한다고 생각하는 난 아직 섬사람이 되긴 글렀나 보다. 제주도에서 진짜 살기 위해선 시내로 나와야 한다는 말인데 그건 도시에서도 마찬가지. 전원생활을 하지 않는 이상, 일반적인 삶을 꾸리기 위해선 사람들이 많이 모여 있는 곳에서 북적이며 사는 게 진짜 생활이다. 내비게이션을 따라 도착한 건물 앞에 차를 대고 지하에 들어서면 바깥에서는 전혀 예상할 수 없었던 100평 정도 될 법한 널찍한 공간이 나온다. 그가 주로 작업을 하는 공간 맞은편 유리창 너머엔 그랜드 피아노와 마이크 같은 장비들이 놓여 있다. 외국의 어느 스튜디오에서 영감을 받아 만든 나무 오브제는 소리를 다루는 공간의 특성에 맞게 제작된 것. 텅 빈 지하실이었던 이곳을 바닥부터 전부 뜯어 고쳤다니 꽤나 고생한 흔적이 엿보인다.

"6년 전, 제주 시청 근처에 처음 차린 녹음 스튜디오에선 컴퓨터 음악 레슨도 병행하면서 생활을 유지했어요. 그러면서도 5년 후에는 제주도 최고의 녹음 스튜디오를 만들어야겠다는 나름의 포부를 갖고 있었어요. 음악에 관련된 일이라면 이것저것 안 해본 일이 없어요. 어느 정도 자리가 잡힌 후, 1년 전에 지금의 스튜디오로 이전을 했어요. 이런 녹음 관련 시설이 설치되어 있는 곳이 몇 개 없다 보니 도내에서 이뤄지는 성우 내레이션이나 음반 녹음은 거의 도맡아 할 만큼 규모가 커졌고요. 평수는 크지만 서울이나 다른 대도시처럼 임대료가 비싸진 않아요."

제주에서 음악으로 자리를 잡으려면 다른 곳보다 몇 배의 인내가 필요하다. 경쟁자들이 즐비한 타지에서는 악착같이 살아남아야겠다는 오기가 절로 생기지만 제주에서는 순전히 자기 자신과의 싸움이 8할 이상이다. 누가 보는 것도 아니고, 강요하는 것도 아닌데 더 강해져야 하고, 더 진지해야 한다. 하고 싶은 일을 하는 사람은 사회적 부와 명성보다 자기 만족감에서 얻는 행복에 더 큰 의의를 둔다. 박경필도 그런 타입의 사람이다. 음악을 통해 자신의 삶이 특별해짐을 느낀다. 그가 지나온 세월을 돌이켜보면 특별한 이력이랄 게 없다. 성공을 목표로 달려오기보다 좋아하는 일을 하고, 그러다가 자기가 한 일에서 만큼은 인정받는 것, 그것이면 충분했으니까.

"지금 와서 생각해 보면 그때 그 순간들이 얼마나 힘들었는지 몰라요. 만약 그때 제주도를 떠나지 않았다면, 서울에서 돌아오지 않았다면… 한순간의 선택이 인생 전체를 바꿀 수 있다는 걸 그때 뼈저리게 배웠어요. 인생이란 알 수 없는 거 같아요. 지나고 보면 젊은 시절 치열하게 살았다고 회상할 수 있다는 게 뿌듯하기도 하지만요. 모든 것이 예상하지 못한 변수가 있는데 그게 참 사람을 힘들게 하잖아요. 그 시절을 건너왔다는 게 가끔은 스스로도 믿기지 않을 때가 있어요."

그는 여러 번 길을 잃고 나서야 자신이 무엇을 간절히 원하는지 알게 되었다.

"사람마다 다르겠지만 포기의 순간이 올 때마다 내가 이것만큼 좋아하는 일을, 원하는 일을 찾을 수 있을까, 스스로에게 반문해 보면 답이 나왔어요."

꿈을 이뤘다는 사실 자체보다는 인생에서 진심을 다해 할 수 있는 일을 찾았다는 것만으로도 그의 인생은 이미 성공한 게 아닐까. 꿈을 이루는 데 중요한 건 장소가 아니다. 제주든, 서울이든, 뉴욕이든, 런던이든지 간에 지레 자포자기하지 말자. 꾸준히 정진 또 정진하다 보면 어느새 그것들이 모여 당신의 꿈을 이루게 될 것이다.

**박경필의
제주살기**

제주도가 그리운   당신에게 추천하고 싶은   노   래

"떠나요 둘이서, 모든 걸 훌훌 버리고…" 최성원의 노래 '제주도 푸른 밤'을 듣노라면 왠지 모를 일렁임이 느껴진다. 지친 일상을 뒤로하고 당장이라도 떠나야만 할 것 같은. 10년이 넘는 시간이 지나도 제주에 대한 단상이 그대로 묻어나는 노래가 아닐까. 한영애의 1집 앨범 수록곡 '제주도'는 가사가 수필 같은 노래다. "종려나무 가로수길 따라 걷다가 불어오는 바닷바람 흠뻑 취하면 나도 몰래 발걸음은 해변을 가네…." 제주의 풍경과 잘 어우러지는 연주곡으로 양방언이 아버지의 고향 제주도를 생각하면서 만든 'Prince of Cheju'도 빼놓을 수 없다. 제주도 출신 재주소년의 '봄비가 내리는 제주시청 어느 모퉁이의 자취방에서'는 비 내리는 여름을, '귤'은 겨울을 생각하게 하는 노래다. 에피톤 프로젝트의 '유채꽃'은 그야말로 연인과의 제주여행의 감상이 고스란히 담겨 있는 듯한 가사

가 귀에 쏙쏙 박힌다. "푸른 바다 제주의 언덕 올레길마다 펼쳐져 있는 그리움을 따라 무얼 찾으러 이곳에 온 걸까? 너는 혹시 알고 있니? 얼마나 더 걸어야 할까? 비바람 불고 모진 계절이 힘겨울 때마다 가만히 나를 안아주던 네게 다시 기대어도 되니…." 제주도에 살면서 음악 활동을 하고 있는 장필순이 2009년 발표한 앨범 〈그는 항상 내 안에 있네〉 중의 '푸른 밤을 여행하다'도 제주의 밤바다가 생각나는 곡 중 하나다.

건물 앞에 차를 대고 지하에 들어서면 바깥에서는 전혀 예상할 수 없었던
100평 정도 될 법한 널찍한 공간이 나온다.
그가 주로 작업을 하는 공간 맞은편 유리창 너머엔
그랜드 피아노와 마이크 같은 장비들이 놓여 있다.
외국의 어느 스튜디오에서 영감을 받아 만든 나무 오브제는 소리를 다루는
공간의 특성에 맞게 제작된 것.
텅 빈 지하실이었던 이곳을 바닥부터 전부 뜯어 고쳤다니
패나 고생한 흔적이 엿보인다.

수상한
건축가의
로컬 살리기

허리가 구부정한 어르신들이 대부분이었던
제주도 작은 마을에 어느 날 불쑥 등장한 록밴드,
허름했던 버스 정류장의 멋진 갤러리로의 변신.
한가롭고 조용하기만 했던 마을에서 희한하고도
신기한 일들이 하나씩 일어나고 있다.
이뿐만이 아니다. 전국 각지에서 몰려온 특이하고
개성 넘치는 아티스트들로 가득한 레지던스.
지금 서귀포 곳곳에서 벌어지는 일련의 이상야릇한 일들.
도대체 누가, 왜 이런 일들을 꾸미고 있는 것일까.
대체 무슨 생각으로, 무슨 속셈으로 그러는지
그 속내가 사뭇 궁금해졌다.

Name	이승택
Age	43세
Job	문화도시공동체 쿠키 대표 & 건축가
Since	2007년
In Seoul	학업을 위해 도시로 왔지만 언제나 고향에 대한 그리움을 품고 있던 제주 남자
In Jeju	서울과 제주를 오가며 문화공동체 쿠키를 통해 지역 문화 활동을 펼치는 건축가

건축가였던 아버지의 뒤를 이어
자신 또한 건축가가 된 이승택에게 제주도,
그중에서도 자신이 나고 자란
서귀포에 대한 애틋함은,
말로는 표현할 수 없는 그 무엇이었다.

그는 오전에 만나자고 했다. 전날 늦도록 마감을 끝내고 새벽 비행기를 타고서야 그와의 약속시간을 겨우 맞출 수 있었다. 제아무리 가까운 거리라도 비행기를 타는 일은 시공간을 초월한 것 같은 착각을 들게 한다. 비몽사몽한 기운이 채 가시기도 전에 제주공항에 도착했다. 문자를 통해 건네받은 주소는 서귀포시 서귀동 280-13번지. 내비게이션을 따라 도착한 곳은 아무리 둘러봐도 약속 장소가 아닌 듯했다. 몇 바퀴를 돌았을까. 물어 물어 겨우 다다른 곳은 언덕배기에 있는 작고 낡은 건물이었다.

건국대 건축학과와 대학원, 박사과정을 거친 이승택은 서울에서 강의도 하고, 각종 프로젝트도 활발히 진행하는 등 왕성하게 활동하는 건축가였다. 평탄한 인생이 보장되어 있는 혈기왕성한 건축가가 제주도에 이토록 집착하는 이유는 무엇일까? 건축가였던 아버지의 뒤를 이어 자신 또한 건축가가 된 이승택에게 제주도, 그중에서도 자신이 나고 자란 서귀포에 대한 애틋함은, 말로는 표현할 수 없는 그 무엇이었다. 바쁘게 돌아가는 생활 속에서도 늘 마음 한편에 묻어두었던 고향에 대한 생각이 몇 해 전 몽골을 여행하면서 더욱 또렷해지기 시작했다. 지금의 그를 있게 한 뿌리가 바로 그곳이라는 생각이 뇌리에서 떨쳐지지 않았다. 어떤 식으로든 자신의 고향을 위해 할 수 있는 일을 찾고 싶었다.

귀국하자마자 그는 일주일이 멀다 하고 제주와 서울을 오가기 시작했다. 무슨 일이 있어도 최소한 한 달에 한두 번씩 제주도에 내려온다는 건 쉽지 않는 일. 그러나 처음과 마찬가지로 그의 이러한 생활은 변함없이 수년간 이어지고 있다. 이제껏 제주는 늘 문화를 얘기할 때 변방에 위치한 소외된 지역이었다. 제주도가 고향인 자신조차 그러한 현실을 늘 외면하고 있었다는 사실에 스스로를 자책하기도 했다. 제주를 부지런히 오가는 그의 눈에 현실이 새롭게 다가오기 시작했다. 문화의 불씨를 지피기가 불가능할 것 같지만, 가만히 들여다보니 꼭 그렇지만도 않았다. 단지 시도하지 않았었기에 문화소외 지역으로 방치되었던 것뿐이라는 사실을 피부로 느꼈다. 제주도의 문화지수를 높여가기 위해 고군분투하고 있는 이승택의 서울과 제주를 오가는 이중생활은 그렇게 시작되었다.

제주도 내의 지역감정을 깨 고   싶 었 다

그 어디에서나 구름 가득한 맑은 하늘과 끝없이 펼쳐지는 옥빛 바다, 웅장한 한라산의 모습을 매일매일 접할 수 있는 곳. 한 발짝 떨어져 있는 사람들에게 제주의 단상은 그렇게 다가온다. 하지만 이승택의 생각은 달랐다. 언제까지나 자연에만 의존한 채

지금의 그를 있게 한 뿌리가 바로 제주라는
생각이 뇌리에서 떨쳐지지 않았다.
어떤 식으로든 자신의 고향을 위해
할 수 있는 일을 찾고 싶었다.

그저 방치되어 가고 있는 제주도가 그렇게도 아쉬울 수가 없었다. 서울에서 왕성하게 활동하고 있는 이승택이 수년간 주말이 멀다 하고 찾아와 일을 벌이는 이유는 단순했다. 건축가의 시선으로 바라본 서귀포 지역의 문화적 침체가 늘 마음에 걸린 것이다. 낡고 오래된 건 사라져야 한다는 편견에 대한 반발로 무조건 시작한 일이었다. 젊은 사람들이 빠져나가면서 점점 쇠퇴해져 가고 있는 도시에 활기를 불어넣고 싶었다. 말만 들어도 이루기가 결코 쉽지 않은 일이라 짐작할 수 있지만 그렇다고 두 손 놓고 그냥 지켜보고 싶지는 않았다.

작은 제주도 땅덩어리 안에서도 특히나 제주시와 서귀포시의 이미지는 극과 극이다. 서울과 지방 도시로 비유될 만큼 모든 인프라가 모여 있는 제주시와 문화적인 혜택이나 각종 시설이 부재한 서귀포시. 외부인의 시선으로서는 느낄 수 없고 내부에서만 알 수 있는 두 지역간의 극명한 격차. 서귀포시에 살고 있는 이들이라면 누구나 시간이 지나면서 점차 이러한 문제의식을 자연스럽게 체득하게 된다. 그렇다면 어떤 식으로, 어떻게 이 문제를 해결해 나가야 할지 그것이 관건이었다. 문제 해결을 위해 서울에서의 모든 일을 정리하고 제주도에 내려오는 일도 고민해 보지 않은 건 아니었다.

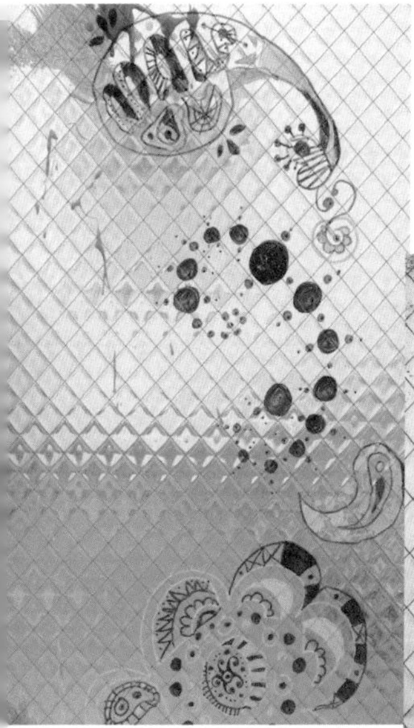

쿠키라는 단체를 만든 건 혼자 목소리를 내기보다
관심이 있는 이들과 함께 문화와 예술을 느낄 수 있는
도시를 만들고자 하는 의도에서였다.

"인생의 전성기 때 고향을 위해 일을 하고 싶었어요. 언젠가는 서울을 떠나 이곳으로 내려올 생각이긴 했어요. 하지만 모든 걸 청산하고 내려오는 것이 정답은 아니라고 판단했습니다. 그렇다고 그때를 무작정 기다리고 있을 수만은 없었어요. 일단 시간을 쪼개서 할 수 있는 데까지 해보기로 결정했어요. 본의 아니게 졸지에 주말 부부가 되어버렸지만요."

건축가의 시선으로 제 주 를 바 라 보 다
'문화공동체 쿠키'는 이승택이 자신과 뜻을 같이하는 이들과 함께 만든 지역문화 활동을 일컫는 이름이다.

"그렇다면 쿠키는 무슨 뜻인가요?"

"문화(Culture)와 도시(City)의 앞 글자를 따서 만든 합성어예요. 문화와 도시에 대한 일을 벌이겠다는 의미를 담고 있어요. 그전에는 다양한 프로젝트 이름으로 일들을 벌이다가 이렇게 이름을 갖게 된 건 문화예술위원회에서 주관하는 생활문화공동체를 만들면서부터예요."

쿠키라는 이름에서는 아무래도 건축가인 그의 정체성이 묻어난다. 굳이 단체를 만든 건 혼자 목소리를 내기보다 관심이 있는 이들과 함께 문화와 예술을 느낄 수 있는 도시를 만들고자 하는

그렇다면 그가 생각하는 도시 재생 운동은
기존의 새마을 운동 같은 것과는
어떤 차이가 있을까.
오래되고 낡은 것들은 외면하고
오직 발전과 변화만을 추구해 나가는
운동인 것일까.

낡고 허름한 집과 대문에 벽화를 그려
마을의 전체 분위기를 생기발랄하게 만든 것은 물론,
갤러리 '하루'를 통해 아티스트들에게는
전시 기회를 제공했다.

의도에서였다. 그렇다면 그가 생각하는 도시 재생 운동은 기존의 새마을 운동 같은 것과는 어떤 차이가 있을까. 오래되고 낡은 것들은 외면하고 오직 발전과 변화만을 추구해 나가는 운동인 것일까. 이승택은 2000년도 무렵, 3년 정도를 서귀포의 월평에 머물면서 조그마한 가능성을 발견했다. 이곳이라면 그가 머릿속에 내내 구상하고 있었던 과거와 현재의 가치가 잘 어우러진 장소로 만들 수 있을 것 같았다. 본격적으로 도시 재생 운동을 시작한 것은 2007년에 들어서면서부터다. 개발보다 재생이 답이라고 생각했던 이승택은 자신이 할 수 있는 것들부터 하나씩 차근차근 해나가기 시작했다. 그러한 시도 끝에 걸매마을 공공미술 프로젝트와 이중섭거리 예술벼룩시장이 탄생했다. 낡고 허름한 집과 대문에 벽화를 그려 마을의 전체 분위기를 생기발랄하게 만든 것은 물론, 갤러리 '하루'를 통해 아티스트들에게는 전시 기회를 제공했다. '월평, 예술로 물들이다'는 그가 이끄는 쿠키의 가장 큰 프로젝트 중 하나다. 감귤과 백합 농사가 주를 이루었던 서귀포시 월평마을. 그는 생활문화공동체 만들기 시범사업을 통해 침체되고 고루했던 이곳을 젊은 기운이 넘치는 생기 있는 공간으로 탈바꿈시켰다.

"그냥 한두 번 시도하고 말 거면 시작도 하지 않았을 거예요.

프로젝트를 진행하면서 가장 중요한 건 마을주민들과의 소통이라고 생각했습니다. 처음에는 다들 예술, 문화란 말 자체도 생소해하셨어요. 먹고살기도 바쁜데 무슨 소리냐고 거들떠도 안 보셨죠. 그런데 지금은 도리어 마을주민들이 신이 나고 재밌어 하면서 적극적으로 참여한다는 게 가장 큰 성과예요."

어찌 됐든 그의 이러한 시도는 제주도에 상당한 변화의 바람을 일으키기 시작했다. 서울이 아닌 변방에서도 이러한 시도가 이루어질 수 있고, 현실적으로 가능하다는 사실을 증명하고 싶다는 게 그의 바람이다.

문화와 한 뼘 더 가 까 워 지 기

그가 진행하고 있는 다양한 활동 가운데 가장 눈길을 끄는 건 레지던스 프로그램이다. 어느 돈 많은 독지가의 기부나 나라의 보조를 받지 않고 비영리단체에서 독자적으로 운영하기란 듣기만 해도 만만치 않아 보이는 일. 그러나 단란주점을 여행자 쉼터로, 빈집을 레지던스로, 다방을 공예방으로 바꾸는 빈집 프로젝트는 전국의 아티스트를 제주로 끌어들였다. 경제적 형편이 어려운 아티스트들에게 빈집에서 작업을 할 수 있도록 기회와 장소를 중간에서 연결해 주는 일이 상당한 성과를 얻은 것이었다. 아직까지

진정한 예술이란 결코 거창한 것이 아니다.
아틀리에에 틀어박혀 나오는 산물이 아니라,
우리가 생활하는 장소, 사람들의 발길이 잦은 곳에서
탄생하고 존재해야 한다는 게 그의 지론이다.

는 그들이 작품에 집중할 수 있는 환경을 마련해 주는 일이 전부이지만 화단의 인정을 받지 못했던 아티스트들에게 작업을 계속해나갈 수 있는 기회를 제공해 주고, 이를 발판으로 그들이 해외진출까지 하는 모습을 보노라면 얼마나 뿌듯한지 모른다. 이곳에 머무르고자 하는 아티스트들에게는 한 가지 조건이 있다. 반드시 작업실을 공개해서 동네주민들과 교류를 하는 시간을 가질 것! 그러면서 작품도 함께 전시해야 한다. 임대료는 후원금으로 해결하고 수리는 회원들끼리 품앗이를 하는 식으로 운영된다.

"서울에서 아티스트들이 전시를 할 때 갤러리에서 비용을 대는 줄 알았는데 그게 아니더라고요. 잘나가는 이들이야 괜찮겠지만 대부분 안 그렇잖아요. 그래서 생각한 게 서귀포에 전시를 열 수 있는 갤러리를 만들자, 비용은 저희가 부담하는 걸로 하면 관심을 가지지 않을까 싶었어요."

문화적 불모지라는 편견에서 벗어나기 위해 그는 현지에 맞는 방식으로 접근했고, 그것이 먹혀들어갔다. 진정한 예술이란 결코 거창한 것이 아니다. 아틀리에에 틀어박혀 나오는 산물이 아니라, 우리가 생활하는 장소, 사람들의 발길이 잦은 곳에서 탄생하고 존재해야 한다는 게 그의 지론이다.

이 일을 추진해 나가면서 그가 느끼는 가장 큰 고민은 무조건 변화가 좋은 것만은 아니라는 사실이다. 문화의 유입이 어떤 방식으로 이루어져야 할지는 여전히 실험 단계인 셈. 행여 자신이 하는 일이 고향에 해를 끼치지나 않을지 끊임없이 점검하고 채찍질한다. 지금 그가 하는 일은 정부에서조차 손을 놓을 정도로 개인이 감당하기에는 여간 어려운 일이 아니다. 중단하지 않고 지속하는 일이 무엇보다도 가장 중요하다고 그는 강조한다.

"어차피 누구나 할 수 있는 일이라면 제가 해야 할 당위성을 갖지 못했을지도 모르죠. 그만큼 어렵고 고단한 일이기에 더욱더 의미가 있지 않을까요?"

서울에 살면서 제주에 대한, 고향에 대한 마음을 접지 못해 주말마다 비행기에 오르는 고단한 나날이라니. 서울과 제주, 육지와 섬의 경계가 그 앞에선 왠지 허물어지고 있는 것 같았다.

이승택의
제주살기

지역사회에 　관심을 갖는 건 　당 연 한 　일 이 다

　서귀포시에는 약 5만 명의 주민들이 살고 있고, 그중 30~35% 정도가 1차 산업인 감귤 농사에 종사한다. 제주시에 비해 상대적으로 관심과 지원이 방치된 탓에 갈수록 낙후되어 가는 경향이 강하다. 이승택이 이곳의 문화 살리기에 발벗고 나선 것은 그저 자신이 나고 자란 지역이, 고향이, 외면되는 현실이 안타까워서였다. 이를 위해 자신이 할 수 있는 일, 즉 '도시'와 '문화'적인 요소를 활용해 변화를 모색하기 시작했다.
　그의 시도는 점차 호응을 얻어 나갔으며 그 결과 시간이 흐를수록 전국 각지의 아티스트들이 서귀포로 모여들었다. 하지만 정작 그는 단순히 타 지역의 아티스트들이 유입하는 데 그쳐서는 안 된다고 강조한다. 제주도민들도 문화와 예술이 어려운 게 아니라 우리 곁에 가까이 한다는 인식을 가져야 자생력을 가질 수 있다는 것이다. 어디까지나 제주는 그

들의 것이니까. "다른 지역의 아티스트가 자주 오는 것도 좋지만, 무엇보다 중요한 건 도민들 스스로의 인식의 변화예요." 힘들고 지쳐 포기하고 싶은 적이 왜 없었겠는가. 하지만 그가 수년째 이 일에 몸담고 있는 건 무뚝뚝해 보이는 마을주민들이 조금씩 마음을 열어갈 때의 감동과 뭉클함을 맛보았기 때문이다. 그가 이제까지 느끼지 못했던, 말로는 도저히 표현할 수 없는, 그 이상의 경이롭고 생경한 경험이었다.

그래서 지금도 누가 시키는 게 아닌데도 그저 자신이 좋아 일을 벌일 궁리를 하느라 정신이 없다. 바로 이런 경험들, 진심이 통하는 순간이 이승택이 고단한 몸을 이끌고 오늘도 제주를 찾게 하는 이유일 것이다.

건축가의 시선으로 바라본 서귀포 지역의 문화적 침체가 늘 마음에 걸린 것이다.
낡고 오래된 건 사라져야 한다는 편견에 대한 반발로 무조건 시작한 일이었다.
젊은 사람들이 빠져나가면서 점점 쇠퇴해져 가고 있는 도시에
활기를 불어넣고 싶었다.

Making Note

제주 보헤미안 13인과의 만남.
미처 못다한 이야기들.

Take 1
치유식당

현대인이라면 마음의 병이든, 육체의 병이든 누구나 병 하나쯤은 안고 살아간다. 대부분의 사람들은 그런 병을 고치려 하기보다 방치하고 외면해 버리기 일쑤다. 어쩔 수 없다고 스스로를 합리화시키면서 말이다. 김승민도 마찬가지였다. 자신 안에 곪아버린 상처는 돌아보고 신경 쓰지 않으려 했다. 아내가 아프지 않았다면, 그가 먼저 지쳐 나가떨어졌을지도 모를 일. 사람들은 간혹 알 수 없는 부분에서 미련해진다. 그냥 어떻게든 되겠지라며 꾸역꾸역 참아낸다.

김승민은 제주로 떠나온 그 하나만으로 많은 것들을 누릴 수 있게 되었다. 아내의 건강과 아이들과의 관계 회복, 요리사로서의 만족…. 손해 본 게 하나도 없다. 그런 치유의 과정을 경험한 그는 산속의 심야식당 아루요에서 정성을 담아 한 그릇 한 그릇 요리를 내놓는다. 밭에서 직접 캐낸 배추와 무, 당근으로 손수 담근 아삭한 피클과, 국물이 뜨끈한 우동을 먹고 나면 당신도 나처럼 울컥해질지도 모를 일이다. 아루요의 셰프 김승민의 진심이 담긴 요리가 당신의 지친 마음을 토닥거려주기 때문일 것이다. 그는 별말이 없지만 다 괜찮다고, 다들 당신처럼 힘들다고 말하며 위로해 주는 듯하다. 며칠째, 샌드위치와 삼각김밥만 먹고 있는 나는 아루요의 김이 모락모락 피어나는 요리들이 못 견디게 먹고 싶어졌다.

Location 산속에 일식집을 연 요리사 | 김승민

Take 2
기회의 땅

김병수가 제주도에 내려온 건 여유나 행복같이 감상적인 이유에서가 아니다. 더군다나 고향이 제주여서도 아니고. 다른 어떤 것보다 '성공'에 대한 가능성을 보고 그런 결정을 했다니 특이한 케이스가 아닐 수 없다. 적어도 일반적인 기준에서는 말이다. 대부분의 사람들이 경쟁사회를 벗어나기 위해 제주도를 선택하는 반면, 누군가에게는 기회의 땅으로 비춰질 수도 있다는 시각이 참으로 흥미롭다. 아직 속세를 벗어날 용기가 없는 나 같은 사람에게는 그가 제주도에 내려온 이유가 가장 현실적으로 다가왔다. 김병수처럼 제주도에서 먹고살 방편만 확실하다면 당장 내려와서 무언가를 해볼 마음이 꿈틀거린다. 아직은 모든 것을 내려놓음이 안 되는 당신, 새로운 돌파구를 찾아야 한다면 그 리스트에 '제주도'라는 장소를 써넣어도 괜찮을 것 같다. 회피가 아닌, 도전이라는 내 삶의 새로운 명제와 함께.

Location 성공을 꿈꾸는 야심 찬 30대의 제주행 | 김병수

Take 3
결국은 행복에 관한 이야기

어떤 일을 하든 기획서를 쓰는 일이 습관이 된 정희경은 일을 할 때마다 기획서를 작성하곤 한다. 회사에서야 당연히 그래야 하는 것이었지만 자신의 나머지 인생을 건 샐러드앤미미를 만들 때도 그랬다. 처음 기획서를 마련한 이후, 그녀는 끊임없이 수정과 보충을 해나가면서 차근차근 앞을 향해 전진하고 있다. 정희경이 제주에 뿌리를 내리면서 내세운 기획은 로컬 푸드로 만든 감각적인 레시피이다. 귤밭 사이에 위치한 작은 돌집에 정감이 묻어나는 넓고 둥근 테이블을 놓고, 계절마다 싱싱하고 다양한 식재료로 만든 요리를 내고, 동네사람들과 다정한 티타임을 즐기는 지극히 평화로운 나날들. 상상만으로도 행복이 절로 흘러나오는 광경이다. 그녀의 콘텐츠는 결국 보편적인 행복의 한 조각이었다.

아직 얼마 안 된 시점에서 판단하기엔 성급한 구석이 있지만, 음식에서 한 단계 더 나아가 마음을 어루만지는 그녀의 레시피로, 샐러드앤미미는 제주뿐만 아니라 육지에서도 꼭 찾아가야 하는 핫 플레이스가 될 거라는 확신이 들었다.

Location 나의 콘텐츠, 제주의 로컬 푸드 | 정희경

Take 4
농부의 정직한 손

그들을 만나고 또 한 번의 겨울이 찾아왔다. 다시 찾아가겠다는 약속을 지키지 못한 게 못내 마음에 걸린다. 하지만 종종 부부의 블로그를 배회한다. 잘 지내고 있는지, 노파심에 자꾸만 주변을 맴돌며 훔쳐보곤 한다. 다행히 부부는 올해도 귤 농사를 무사히 지은 것 같다. 아직까지 제주도 작은 마을에서 자그마한 귤 농장을 운영하며 알콩달콩 살아가는 부부의 모습을 보니 나도 모르게 안도의 한숨이 새어 나온다. 겨울이 되면 어디서나 흔하게 먹는 귤이 이제 더 이상 만만하게 보이지 않는다. 농부의 정성 어린 보살핌과 자연의 손길이 더해져야만 수확이 가능한 귤을 한 알 한 알 까먹을 때마다 검게 그을린 이현수의 얼굴이 생각날 것만 같다. 진심이 담긴 농부의 삶이 느껴질 것만 같다. 이제 당당히 직업란에 '농부'라고 적어도 손색이 없을 만큼 농사짓는 일이 한결 수월해 보이는 농부 이현수. 자연과 조화를 이루고자 하는 그의 삶이 부디 해피 엔딩이기를.

Location 농사짓기, 그 황홀함에 대하여 | 이현수

Take 5
따로 또 같이

도서관을 전전하며 자판기 커피를 홀짝거리던 시절, 단짝 친구들과 나는 어른이 되면 우리만의 카페를 만들자며 손가락을 굳게 걸었다. 그래, 우리는 언제나 함께하자라면서. 하지만 시간은 흘러 지금 나는 한 남자의 아내로 하루가 모자라는 일상을 보내고 있고, 그 친구들 또한 뿔뿔이 흩어져 일 년에 서너 번 연락하는 게 고작이 되어버렸다. 장길연과 손은정의 대화 속에서 그때 그 시절 친구들과 나의 모습이 오버랩되었다. 교복을 입던 말괄량이 여고생은 어느덧 서른 중반이 되어 추억을 되뇌는 나이가 되어버렸구나. 서울을 떠나오니 비로소 나를 발견했다는 장길연의 모습은 초연해 보이고, 도시에 대한 미련을 가득 품은 채 제주도를 배회하는 손은정은 아직까지는 두려움이 더 큰 듯했다. 사람들은 타인에게 인정받고 싶은 욕구를 지니고 있고, 그들의 눈높이에 자신을 끼워 맞추며 만족해 한다. 장길연과 손은정은 타인이 아닌, 자신의 만족이 가장 중요해 보였다. 그 어느 때보다 스펙이 중요한 시대에 살고 있는 지금, 그녀들의 결정은 결코 가벼운 한낱의 바람은 아닐 것이다. 고백하자면, 누구와 견주어도 결코 아쉽지 않을 그녀들이 왜 이곳 제주를 선택했는지 아무리 생각해도 이해가 안 되었다. 나야말로 어쩔 수 없는 속물 근성이 남아 있나 보다. 지금이라도 늦지 않았을까 나 자신에게 반문해 본다. 오랜만에 어린 시절 친구에게 전화를 걸어야겠다. 카페 오픈은 물 건너갔지만 제주도로 여행이나 가자고 말이다.

Location 서울 반, 제주! 반 두 여자의 평행이론 | 장길연 & 손은정

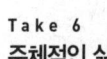

Take 6
주체적인 삶

그녀가 제주에 내려온 건 경쟁사회 속에서 탈출하고 싶어서만은 아니었다. 반복되는 생활에 몸과 마음이 점점 지쳐갔을 때 떠오른 건 떠나는 일밖에는 없었다. 제주 역시, 눈에 띄는 경쟁구도가 아닐 뿐이지 엄연히 사람들이 사는 곳이다. 문제는 어떤 속도로, 어떤 방식으로 살아가느냐의 차이. 하민주는 도시에서 언제나 수동적인 삶을 살아왔다. 아니 그렇게만 살아야 하는 줄 알았다. 하지만 제주에 내려온 순간부터 모든 것을 자신이 스스로 책임지고 이끌어야 하는 상황에 놓이게 되었다. 덕분에 주어진 일 이외에는 할 여력과 의욕조차 없었던 그녀가 이제는 일 벌이기 선수가 되어가고 있다. 얼마 후면 게스트하우스 이외에 다른 카페를 오픈할 예정이다. 제주에서는 일 하나를 해도 떠밀려서 강제적으로 하는 것이 아니라, 스스로 마음이 동해서 하다 보니 열과 성을 다한다. 그런데 참 이상도 하다. 하나도 힘들거나 지치지 않는다. 모든 일이 마음먹기에 달려 있는 거, 맞다.

Location 게으른 게스트하우스로 초대합니다 | 하민주

Take 7
한없이 가벼운 이의 특권

아무리 일해도 제자리인 월급과 상사의 눈치에서 벗어나고 싶은 대한민국 직장인이라면 누구나 한 번쯤 창업을 꿈꾼다. 바람카페 주인장 이담도 그런 사람 중 하나였다. 잘 다니던 회사를 때려치우고, 벤처 창업에 뛰어들지만 않았어도 그의 삶은 이렇게 달라지지 않았을 것이다. 사정이야 어찌 됐건, 8년 전 모든 것을 뒤로하고 제주도로 내려온 사람의 심경은 말로 다 표현할 수 없지 않았을까.

맨땅에 헤딩하는 것과 다를 바 없었던 그의 제주행은 '가진 것 없는 자의 무모함'에 가까웠다. 한량처럼 시간을 보내던 그에게 카메라와 노트북이 없었다면 어땠을지 자신도 알 수 없다고 했다. 모든 것을 한순간에 날린 그가 다시 생활인으로 돌아올 수 있었던 건 취미처럼 시작한 사진 촬영과 포스팅을 통해 사람들과 다시 교류를 하기 시작하면서였다. 가방을 싸서 제주도에 내려오지 않고, 방 안에만 틀어박혀 있었다면 그는 여태껏 패배주의에 빠져 지내고 있을지도 모를 일이다. 그 덕에 본의 아니게 주변의 것들을 좀 더 관찰할 수 있는 시간이 주어졌다. 그러면서 그전까지 기호식품에 지나지 않았던 커피가 그에게 수익창출을 가능케 한 아이템으로 탈바꿈했다. 커피를 사 먹을 돈이 아까워서 시작한 드립 커피 독학은 카페를 차릴 수 있는 밑거름이 되어주었으니 이담은 제주에서 더 이상 바랄 게 없단다.

바람카페를 찾은 사람들과 더불어 커피를 마시면서 이런저런 얘기들을 나누고 다른 세상을 간접적으로 접하는 요즘 생활이 그렇게도 평화로울 수 없다. 정성과 진심이 담긴 커피의 맛에 매료된 단골들이 점점 늘어나 이제는 생활비 걱정 없이 살고 있다니 참 다행이다. 낯선 곳에서 이방인이 되는 건 자기 자신을 온전히 들여다볼 수 있는 기회를 제공한다. 올레길 종주를 위해 앞만 보고 걷지 말고, 한라산 정상 등반에 연연하지 말고, 바람이 멈추지 않는 바람카페에서 인생의 쓴맛이 담긴 커피 한 잔의 여유를 부디 느껴보시라. 행복은 작고 소소한 것에서 비롯된다는 사실을 잊지 말기를. 드러나지는 않지만 매력적인 공간, 소박하지만 정성을 들인 커피, 소소한 이야기를 귀담아 들을 줄 아는 사람이 주인장인 여행지에서의 카페라, 상상만 해도 낭만이 절로 흐른다. 어떤 이가 바람카페의 커피를 마시고 싶어 여행을 결심했다는 얘기를 듣는다면 그 이상 바랄 게 없겠다. 그는 오늘도 커피를 내린다. 그의 커피를 맛보기 위해 찾아오는 당신을 위해.

Location 디지털 노마드의 섬 상륙기 | 이담

Take 8
놀이가 예술이 되는 순간

얼마 전까지만 해도 제주는 문화 불모지라는 편견을 갖고 있는 지역이었다. 그러나 오직 천혜의 자연밖에 가진 것 없는 관광지로 치부되었던 이곳이 지금 대한민국에서 가장 핫한 곳으로 손꼽히고 있다. 문화적 촉수가 발달한 이들이 일찌감치 제주도에 모여들어 역동적인 일을 도모하며 제주의 문화 지형을 바꾸려는 시도를 진행하고 있기 때문. 그중에서도 대표주자인 메가쇼킹 고필헌은 일상을 놀이로 승화시키는 기발한 발상으로 전국 각지의 청춘들을 이곳으로 불러 모으는 데 일등 공신 역할을 했다.

그는 '제대로 놀아보자'며 살살 꼬이고 '바로 지금!'이라며 슬슬 구슬린다. 그의 유혹에 넘어간 청춘남녀들은 열 일 제쳐두고 쫄깃쎈타에 내려가 기꺼운 마음으로 무임금 중노동에 시달리고 있다. 그 대가로 제주맛걸리 한 잔이면 충분하다. 그의 꼬임에 빠져 제주로의 정착을 계획하는 이들 또한 늘어가는 진풍경이 펼쳐지고 있다. 홍대 피플이었던 전적을 살려 자신의 지인들을 하나둘 끌어모으는 것으로 모자라, 제주의 한 인디 레이블과 록 페스티벌을 준비하고 있는 건 또 어떤가.

이전에도 제주의 문화를 바꾸려는 노력은 꾸준히 있어왔다. 하지만 지금처럼 허영과 겉멋을 걷어내고 젊은이들 취향을 중심으로 한 시도가 있었던가 싶을 정도로 그가 추진하는 일들에는 흥미진진함이 가득하다. 인터뷰가 끝나갈 무렵 그가 진지한 얼굴로 말했다.
"협재 해수욕장 옆 골목을 배낭여행객의 성지인 태국의 카오산로드처럼 만들 거예요. 두고보세요."
그의 말이 허투루 들리지 않은 건 지금 제주에서 일어나고 있는 움직임이 바로 그 증거다. 노는 것도 이 정도면 예술이라 할 만하다.

Location 청춘을 위한 아지트를 만든 메가쇼킹 | 고필헌

Take 9
넉넉하고 따뜻한 섬

1951년 서른여섯의 이중섭은 전쟁을 피해 원산에서 부산으로, 그리고 배를 타고 서귀포로 건너왔다. 안정과 평화를 찾아 일본인 아내 마사코와 두 아들을 데리고 피란을 온 이중섭은 서귀포 바다 끝자락이 보이는 서귀포 512번지에 자리를 잡았다. 가난한 화가였던 그는 바다에 나가 해초류와 물고기를 잡아 끼니를 대신했다. 하지만 마음만은 이때만큼 평화롭고 화목했던 적이 없었다는 듯, 제주도에서 보낸 1년이 채 안 되는 시간은 그의 작품에 큰 영향을 주었다. 그가 직접 써서 붙였다는 '소의 말'에 나온 시구를 읊조려본다.

맑고 참된 숨결 나려나려
이제 여기 고웁게 나려
두북두북 쌓이고
철철 넘치소서
삶은 외롭고
서글프고 그리운 것
아름답도다
두 눈 맑게 뜨고 가슴 환히 헤치다

그렇다. 삶은 외롭고 서글픈 것. 그러나 삶만큼 아름다운 건 세상 어디에도 없다. 이중섭은 사랑하는 아내와 아들과 함께 제주도 서귀포 바다에서 맛보았던 찰나의 행복을 평생 동안 잊지 못했을 것이다. 가난했지만 자연 속에서 풍요로움을 느껴봤을 것이다. 누구나 한 번쯤 꿈꾼다. 어떤 구속도 방해도 받지 않고, 사랑하는 이와 함께 꿈결 같은 날들을 보내면 얼마나 좋을까 하고. 하지만 우리는 또한 알

고 있다. 영원할 수 없기에 더욱 아름답다는 사실을. 한때 천재병이 걸렸다고 수줍게 고백하는 스물여덟 사내의 모습에서 어렴풋이 이중섭의 젊은 시절의 모습이 오버랩되었다. 부디 이두원은 이중섭이 그랬던 것처럼, 외롭고 서글프지 않았으면 좋겠다. 아마도 그럴 것이다. 그에게는 가끔은 무섭지만 세상 누구보다 사랑스러운 아내가 생겼으니까. 작업실 곳곳에 놓인 그림들을 찬찬히 들여다보고 있으려니 더는 묻지 않아도 알 수 있었다. 직접 물어봐도 알 수 없는 진심이 그의 그림에 그대로 묻어 있었다. 그가 어떻게 살아왔는지를, 앞으로 어떻게 살고 싶은지를 말이다.

Location 까칠한 예술가의 제주 로맨스 | 이두원

Take 10
내겐 한없이 부러운 당신의 고향

고향으로 돌아가 자연의 풍요로움을 누리며, 가족과 친구들과 여유로운 시간을 공유하는 생활이라니. 듣고만 있어도 근사한 삶이 아닐 수 없다. 하지만 나이 서른의 미혼인 여자가 할 수 있는 갑작스러운 선택이라고 하기엔 왠지 거리가 멀게 느껴지는 게 사실이다. 제주도라는 지역적 특성이 더해진 까닭일 수도 있지만, 이혜연의 경우는 가족과 함께하는 삶이 있었기에 가능한 일이었다. 언제든지 돌아갈 수 있는 곳이 있다는 건 웬만한 보험보다 든든한 백그라운드다.

그녀와 얘기를 나누다 보니, 갑자기 서울이 고향이라는 사실이 못 견디게 실망스러워졌다. 집 앞 바닷가에 풍덩 빠져 시원하게 물질 한판 하고서 상쾌한 바람에 몸을 말리는 상상. 이혜연의 고향은 상상 속의 풍경이었다. 나에게도 여유롭게 산책을 하고, 편안히 낮잠을 잘 수 있는 고향이 있으면 얼마나 좋을까. 헛헛하고 외로울 때 훌쩍 떠날 수 있는, 존재 자체가 힘이 되어주는 곳 말이다. 굳이 바다가

아니어도 좋다. 숲이 아니어도 상관없다. 적어도 지금의 회색도시만 아니면 어느 곳이든 좋을 것만 같다.
내가 진정으로 가족과 함께했던 시간이 언제까지였던가. 눈뜨자마자 학교에 가기 바빴고, 끝나기가 무섭게 학원으로 직행했던 학창시절을 지나 주어진 자유를 만끽하기 위해 정신없이 보냈던 대학시절. 그 이후 사회생활에 지쳐 가족과 함께했던 시간은 고작 생일이나 명절 말고는 딱히 기억에 남는 게 없다. 가족과 함께 좋은 시절을 보낼 수 있는 그녀를 보니, 그동안 진짜 행복이 무언인지를 오랫동안 잊고 살았던 게 아닌가 싶어 왠지 코끝이 시큰거려졌다.

Location 제주에서 멀티플레이어로 사는 법 | 이혜연

Take 11
제자리로 돌아오다

지금 우리는 모든 분야로 촉수가 뻗쳐 있지 않으면 살아남기 힘든 21세기를 살아가고 있다. 하지만 그런 세상에서도 열정을 갖고 무언가 하나에만 집중했을 때 얻게 되는 깊이와 결과는 그렇지 않았을 때와 비교해 보면 엄청난 차이를 낳게 된다. 그러니까 박경필은 여러 가지보다 한 가지를 잘하는 사람이다. 모든 것을 잘, 아니 대충이라도 해야 하는 도시생활은 그에게는 맞지 않는 옷과 같았다. 음악을 하고 싶었지만 어쩔 수 없이 포기했어야만 했던 시간을 거쳐, 소리를 다루는 일로 그 언저리에서 머물다가, 다시 음악을 하고 있는 그의 일련의 과정을 듣고 있자니 왠지 모르게 부끄러워졌다. 원하는 것이 확실한 박경필을 보면서 나는 진짜 좋아하는 것이 없는 사람이 아닐까라는 두려운 생각이 들었다.

"왜 제주에서는 꿈을 이룰 수 없을 거라고 단정 지었는지 모르겠어요. 누가 가르쳐준 것도 아닌데 성공하려면, 하고 싶은 걸 하려면, 무조건 도시로 나가야 한다고 생각했어요. 지금은 이제야 제자리에 돌아왔구나 싶지만요."

그의 이야기를 듣지 않았다면 아마도 그가 미련하다고, 세상을 모른다고 생각했을지도 모르겠다. 진짜 성공은 과연 어떤 것일까? 그 기준은 아마 사람마다 다르겠지만, 내가 생각한 성공이란 '남들이 나를 부러워하는 삶'이라는, 그러니까 주어가 내가 아닌 남이 아니었는지 자문해 볼 일이다. 하지만 이제는 알 것 같다. 그러기 위해서는 먼저 나 자신이 행복해져야 한다는 사실을. 어차피 한번 사는 인생 이젠 나도 정말 좋아하는 일을 찾아야겠다. 그 어떤 시련이 닥쳐와도 흔들리지 않을 그런 일들을. 훗날 나이가 들어 세상을 떠나야 할 때, 인생을 돌이켜보며 적어도 하나쯤은 열심히 했구나 흐뭇해할 일을 말이다. "후회하지 않아요"라는 그의 말이 자꾸만 귓가를 맴돈다.

Location 느슨한 제주에서 나를 붙잡다 | 박경필

Take 12
로컬의 가능성

언뜻 듣기에 지역 문화라는 말은 어쩐지 생소하기만 하다. 왠지 나와는 거리가 먼, 사회 활동가들의 일인 것만 같이 여겨지기도 한다. 하지만 곰곰이 생각해 보면 그런 나의 생각이, 그런 나의 모습이 더 이상하게 느껴진다. 내 가족, 내 집안 일에 대해선 그렇게나 안달복달하면서 정작 내가 사는 지역, 내가 태어난 고향에 대해선 왜 그리 무심한 것일까. 혹여 각박해진 도시생활 속에서 나만 잘살면 된다는 이기적인 생각에서 그런 것은 아닐까. 한 발은 육지에, 한 발은 제주에 걸친 채 오늘도 제주를 부지런히 오가며 고향을 위해 할 수 있는 일이 무엇일까 열심히 모색하고 실천하는 건축가 이승택. 그의 일상은 상상만 해도 고단해 보이지만 정작 그러지 못하는 나를 되돌아보게 한다.

Location 수상한 건축가의 로컬 살리기 | 이승택

After Note

제주 취재 노트 · 제주를 좀 더 이해하기 위해
당신이 알아두어야 할 것들

제주 정착 노트 · 제주 이주를 준비하는 이들을
위한 어드바이스

제주 여행 노트 · 제주에서 가볼 만한 카페,
갤러리, 도서관, 맛집, 숙소 리스트

제주
취재
노트

제주를 좀 더
이해하기 위해
당신이 알아두어야 할 것들

그리스 신화 못지않은 신화의 섬

가장 일반적으로 알려진 제주도의 개국 신화로는 〈고려사〉에 실린 삼성신화를 들 수 있다. 삼성신화에서는 고을나, 양을나, 무을나 삼신인이 한라산 북쪽 이도동에 위치한 삼성혈 땅속에서 솟아 나와 가죽옷을 입고 사냥을 하였다고 전한다. 이들은 곡식의 씨앗과 송아지, 망아지 등을 싣고 들어온 동해 벽랑국의 세 공주를 맞아 혼례를 올리고 씨앗을 뿌리면서 날로 번성해 인간 세계를 이뤘고 그 후 900여 년이 지난 뒤 고 씨를 왕으로 삼아 국가의 기틀을 형성하였다. 성산 쪽 바닷가의 연혼포는 벽랑국의 세 공주를 맞이했던 해변이고, 혼인지는 혼례를 앞두고 목욕을 했던 연못이며 산방굴은 혼례 후 첫날밤을 치른 곳. 이후 삼신인은 '사시장올악'이라는 봉우리에서 활을 쏘아 그 활이 떨어진 곳을 나눠서 다스렸다고 전해진다.

또 하나의 대표적인 제주의 탄생 신화로는 설문대할망과 영등할망에 대한 이야기로 전래동화에 가까운 내용이다. 옥황상제의 셋째 딸로 거대한 몸집의 소유자인 설문대할망은 치마폭에 흙을 담아 날라 한라산을 만들었고 치마에서 떨어진 흙들이 368개의 오름이 되었다고 한다. 워낙 덩치가 크고 힘이 세서 한라산을 베개 삼고 누우면 다리가 제주 앞바다 관탈섬에 걸쳤고, 고군산 분화구가 패인 건 그녀의 엉덩이 때문이며, 오줌 줄기의 힘 때문에 우도가 본섬에서 떨어졌다고 하는 따위의 이야기가 전해진다. 풍요를 상징하는 영등할망이 등장하는 음력 2월 1일부터 보름 동안 제주 주민들은 일을 하지 않는 풍습이 있었다. 2월 1일 한림읍 귀덕리로 입도해 15일 우도에서 떠나기까지 제주에 머무는 동안 영등할망은 소라와 전복, 미역 등 해산물이 풍요롭도록 관장하고 해녀와 어부들을 보호해 준다고 한다. 이때 딸이나 며느리를 데리고 들어오는데 영등 기간에 날씨가 좋으면 딸을, 날씨가 나쁘면 며느리를 데리고 들어온다는 설이 있다.

제주의 종교는 자연이다

우리나라에서는 개신교와 천주교, 불교 이외의 종교는 왠지 생소하다. 하지만 제주에서라면 얘기가 달라진다. 자연숭배의 애니미즘과 토테미즘, 정규적 신앙으로 자리 잡은 무속, 비승비속적 불교 등이 제주도민의 종교를 상징한다. 하지만 이것 역시 신화를 잇는 하나의 축으로 여겨진다. 신령이 깃든 나무인 신목을 떠받들고 현란한 빛깔의 물색은 민중들의 시각으로 발현하는 아름다운 예술 행위로 받아들여지는 곳이 제주 말고 또 어디에 있을까.

제주에선 1만8,000명의 신을 모신다. 듣기만 해도 어마어마한 숫자다. 제주 곳곳엔 마을 수호신을 모시는 본향당이 세워져 있으며, 현재까지 346개의 신당이 남아 있다. 신당 없는 마을이 거의 없을 정도로 토착민들에게 신당의 의미는 남다르다. 마을 공동체 신을 모시는 성소인 본향당(마을의 번창과 생명

과 건강을 관장한다), 매월 7일, 17일, 27일 제를 올리는 일뤠당(아이를 낳고 기르거나 병고치는 일을 빈다), 해촌마을에 있는 해신당, 그리고 매월 8일, 18일, 28일 제를 지내는 여드레당(부를 관장하는 뱀신을 숭배한다)으로 나뉜다. 지금은 대부분 50대 이상의 어르신이나 배를 타는 직업을 가진·젊은 층 정도가 풍습을 따르고 있다. 그럼에도 불구하고 그리스 신들의 이야기는 신화로, 제주도 신들의 이야기는 미신으로 치부되는 이유는 무엇일까. 뭍사람들이 제주에 대해 조금이나마 알려고 한다면, 적어도 미신에 대한 선입견을 갖기 전에 그것이 제주 문화를 이해하는 초석이 된다는 사실을 부디 명심하길 바란다. 외국의 신화는 줄줄이 외우면서 정작 우리네 신화는 방치하는 것. 아이러니가 아닐 수 없다.

제주의 무속신앙을 경험하고 싶다면
와흘 본향당은 제주에 아직까지 남아 있는 최대의 신당이다. 와흘마을의 수호신을 모신 당으로 무속신앙이 그대로 이어져 내려오고 있다. 마을제는 일 년에 2번, 정월과 7월에 행해진다. 화천사에서 나와 16번 국도를 타고 동쪽으로 3km 가다 보면 왼쪽에 숲이 나타나는데, '본향당'이라는 글자가 돌에 새겨져 있는 곳을 찾아가면 된다.

다크 투어리즘, 제주를 이해하는 법
제주를 좀 더 진지하게 알고 싶다면 '다크 투어리즘'을 권한다. 다크 투어리즘이란, 블랙 투어라고도 불리는데, 과거 부끄러운 역사적 사건을 외면하는 것이 아니라 되돌아보며, 반성과 교훈을 통해 지금보다 더 나은 오늘을 살자는 취지에서 시작된 세계적인 여행 추세 중 하나다.
브루스 커밍스Bruce Cumings의 〈한국현대사〉를 보면 이런 구절이 나온다.
'제주도민들은 철저한 분리주의자들로서 본토인들을 좋아하지 않는다. 그들의 소망은 자신들을 가만히 내버려달라는 것이었다.'

그저 내버려달라는 것. 그것뿐이었다. 하지만 역사는 그러지 못했다. 제주의 역사에서 침략과 수탈을 빼면 남는 것이 별로 없다. 제주에 대해 잘 모르는 이들은 제주도가 그저 평화로운 남쪽 나라라고만 생각한다. 하지만 이곳에서 한 달, 일년… 시간이 지날수록 제주사람들 속내엔 아물지 않는 상처가 뿌리 박혀 있음을 절감하게 된다. 좀 더 관심을 갖고 그 속을 들여다보면 이국적인 자연경관과 정취에 가려진 슬픈 역사로 얼룩진 곳이 바로 제주다. 제주도에 태어났다는 이유로 이곳 사람들은 예부터 평생 공납과 부역의 의무에 시달리며 살아야 했다. 안팎으로 침략과 수탈이 끊이지 않았던 탓인지, 제주도민들의 외지인에 대한 시선은 그리 곱지 못하다. 그들의 텃세와 아픔 속에는 이해할 수밖에 없는 역사적 진실이 숨어 있다. 단순한 지역감정과는 차원이 다르다. 근대에 이르러서의 대표적인 사례는 다음과 같다. 19세기에 일어난 온갖 민란은 탐관오리의 횡포에 분노한 민중들에 의해서였다. 중앙정부에 보내야 할 각종 세금과 관리의 횡포는 극에 달했다. 변방에 위치한 지리적 특성은 온갖 탐관오리들이 부를 축적할 수 있는 기회로 이용되었고 더는 이를 감당할 수 없게 된 민중들이 이에 저항하여 들고 일어난 것이다. '이재수의 난'이 가장 대표적인 예라 할 수 있다. 그 뒤 1926년부터 시작된 일본군의 군사시설 설치로 어려움을 겪었으며, 1945년 미군과의 결전을 앞두고 제주도 방어를 위한 일본군의 대대적인 대비는 다시 한 번 토착민들을 힘겹게 만든다. 군사시설과 군용도로 개설 등을 위해 현지인들을 대상으로 한 강제 징병이 이루어졌음은 보지 않아도 뻔한 일. 그중에서도 제주의 가장 어두운 역사를 꼽는다면 단연 4·3항쟁이 아닐 수 없다. 1947년 4월 3일 350명의 무장대가 서북청년단과 군경들을 대상으로 무차별 학살을 감행한다. 뿐만 아니라 아무 죄도 없는 그들의 가족들도 함께 몰살하는 참극이 발생한다. 그 당시 희생자 가운데 시신을 찾지 못한 사람만 수천 명이었다. 4·3항쟁은 그야말로 세계 냉전구도와 한국의 분단체제 사이에 낀 이유 없는 희생이었다. 1970년대 들어서는 발전이라는 명목하에 개발과 투기로 훼손되어 가는 자연경관들로 인해 외지인에 대한 반발심은 더욱 깊어져만 갔다. 그리고 지금의 강정마을 해군기지 건설은 그때의 기억을 떠오르게 한다. 부디 그들이 말하는 것처럼, 그냥 내버려두면 안 되는 것일까. 자신들의 터전에서, 자신들의 일상을 그저 살아갈 수 있도록 말이다. 왜구와 몽골의 외침과 유배의 섬. 민란과 폭정이 끊이지 않았던 역사를 고스란히 알아야만 진짜 제주 여행을 했다고 할 수 있지 않을까. 어두운 과거를 진지하게 되돌아보면서 자신의 삶의 방향성을 고민하는 시간을 가져보자. 굳이 과거사를 들춰봤자 무슨 소용이냐고 할지도 모르겠지만, 그 부분을 인지하지 않고서는 제주도에 배어 있는 특유의 정서를 이해하기 힘들다.

제주의 다크 투어리즘을 경험하고 싶다면
역사의 흐름을 따라가는 게 좋다. 인물별, 사건별, 시기별로 골라서 선택하는 것이 이해를 하는 데 도움이 된다.
- 이재수의 난 : 대정 현성, 대정 홍살문거리, 삼의사비기단, 명월진성, 황사평 천주교공동묘지, 관덕정광장, 아부오름, 한라산 영실 코스
- 항일운동 : 사라봉 모충사, 조천 만세동산, 세화~하도 해안도로, 제주 해녀항일운동 기념탑, 세화주소터, 제주 항일기념관
- 군사유적 : 대정 알뜨르비행장, 송악산 해안진지동굴, 가마오름 동굴진지, 어승생오름, 모슬포 알뜨르비행장과 제주시 정뜨르 육군서비행장, 조천읍 진뜨르 육군동비행장 등의 진지와 송악산의 동알오름, 섯알오름
- 4·3항쟁 : 낙선동 성터, 다랑쉬오름, 표선 백사장, 성산일출봉 터진목, 북촌초등학교, 정방폭포 소남머리, 섯알오름 학살터, 백조일손지묘

조선시대 최고의 유배의 섬
제주의 유명 명소 중 하나로 빠지지 않는 '추사적거지'가 있다. 천재로 불리기에 모

자람이 없는 당대 최고의 엘리트 추사 김정희는 변방 중의 변방 제주도에서 9년 동안 귀양살이를 하였다. 명문사대부 집안의 자제였던 그가 제주에서도 척박한 대정에 적을 두게 되었는데, 이때 이곳에서 추사체가 완성되었다고 한다. 제주가 유배지로 입지를 다진 건 조선시대이다. 고려와 조선 시대에 걸쳐 약 200여 명의 유배자들이 제주로 보내졌다. 한양에서 가장 먼 제주는 죄명이 가장 중한 자들에게 해당되는 최악의 유배지로 여겨졌다. 우암 송시열과 면암 최익현, 박영효, 김윤식 등 고위 신분층도 포함되었다. 노론파 우암 송시열은 80대의 고령임에도 불구하고 100여 일의 유배생활을 제주도에서 보냈다.

세간에 알려지지 않은 유배객으로는 인조반정 때 반대파에게 내몰렸던 광해군이 있다. 18년간의 유배생활 중 마지막 3년을 제주에서 보냈다고 하는데 그에 대한 연구는 이상하리만큼 소홀하다. 추사 김정희와는 상반된 대접이다. 원치 않는 장소로 떠나는 절망의 길, 유배. 최대한 먼 지역에 가두어 영원히 돌아오지 못하게 하는 형벌이다. 대부분의 사람들은 권력에서 밀려난 패배자들의 말로라고 보지만 반드시 그런 것만은 아니다. 김정희만 하더라도 제주에서의 유배생활이 아니었더라면 지금의 추사체를 완성하지 못했을 것이다. 벼루 10개를 구멍 내고 1,000자루의 붓을 닳게 했던 곳. 유배지의 생활은 외롭고 처참하지만 쓰임에 따라 자신을 되돌아볼 수 있는 시간이 되기도 했다.

제주에 내려온 조선의 유배객들에 대해 알고 싶다면
추사체의 절정을 보여주는 〈세한도〉가 완성된 곳. 송시열의 마지막 유배지. 조선 최고의 불우한 왕 광해군이 생을 마감한 제주는 유배지로서 그 궤를 같이한다. 유배객들의 생활을 살펴보며 제주유배 문화를 접할 수 있는 제주 유배길을 통해 그때 선조들의 마음을 헤아려보는 기회를 가져보자. www.jejuyubae.com

제주산 감귤의 탄생비화

귤나무숲의 가을 색이라는 의미를 지닌 '귤림추색'. 10월이 되면 제주의 감귤은 노란 빛을 띤다. 감귤은 운향과 감귤속, 금감속, 탱자나무 속의 과일을 포함한다. 선사시대부터 재배된 감귤은 고려시대에는 왕에게 공물로 바쳐졌다는 기록이 남아 있다. 조선시대에는 왕가에 의해 제주의 감귤이 관리되었다. 중앙에서 파견된 관리는 감귤나무를 일일이 조사하여 그 수확물을 모두 한양으로 보냈다. 바람과 폭풍, 새들의 먹이가 되어도 농민이 책임져야 했다. 왕가에서는 귀하게 여기던 귤이었지만 농민들에게는 엄청난 노동 착취의 결과였다. 여름에 피는 귤꽃 수대로 귤을 수확하지 않으면 큰 화를 당하였기 때문이다. 오죽했으면 수탈에서 벗어나고 싶은 마음에 감귤나무 뿌리에 뜨거운 물을 뿌리기까지 하면서 제 손으로 고사시키곤 했을까. 그야말로 귤은 제주도 토착민들에게는 엄청난 고통을 주는 과일이었다.

천년 이상 계속된 공물제도가 1894년 사라지면서 감귤나무는 농민들에게 외면당하기 시작했고, 그 뒤에는 4·3항쟁과 한국전쟁 등으로 방치되었다. 1950년대 이르러서 다시 귀한 과일 대접을 받게 되었는데 돈이 되니 너도나도 귤나무를 재배하였다. 1970년대는 '대학나무'라는 별명으로까지 불리며 농민들에게 큰 부를 가져다주었다. 조선시대만 하더라도 제주 감귤의 종류는 소귤, 당유자, 대귤, 별귤, 금귤 등 15종류에 이르렀다. 지금 우리가 즐겨 먹는 귤은 토종 귤이 아니라 일본귤과의 교배로 탄생한 온주밀감이다. 대량화 및 대중화와 맞물려 정작 우리 토종 귤을 찾는 이도, 재배하는 이도 사라진 지 오래다. 다행히 몇 해 전부터 한라봉과 천혜향 같은 달콤한 귤이 등장하며 온주밀감 이외의 다양한 품종이 등장하고 있다.

제주 귤의 종류는
• 감귤 : 우리가 흔히 먹는 주먹막한 크기의 귤을 통칭한다.
• 한라봉 : 1990년 일본에서 들어온 품종으로 한라산을 닮았다고 해서 붙여진 이름이다.
• 천혜향 : 오렌지와 귤을 교배시켜 탄생한 새로운 품종으로 4~5월 초에 생산된다.
• 황금향 : 입속에서 터지는 과질이 특이하며 상큼한 향과 맛을 지녔다.
• 진지향 : 향과 맛, 모양이 모두 귤과 오렌지의 중간이라고 보면 된다.

제주로 모여든 세계의 건축가들
이타미 준, 안도 타다오, 마리오 보타, 리카르도 레고레타, 승효상…. 이름만 대도 알 듯한 거장들의 건축물이 제주도에 대거 모여 있다는 점은 주목할 만하다. 제주의 자연에서 영감을 받아 풍경을 해치지 않는 범주에서 만들어지는 걸작들은 제주 곳곳에 자리 잡아 사람들의 눈길을 사로잡고 있다.

휘닉스 아일랜드 내의 3대 경관인 지니어스 로사이, 아고라, 글라스 하우스는 제주 동해안의 풍광을 품은 모습과 어우러져 세계적으로도 인정받고 있다. 사실 드라마 〈올인〉으로 섭지코지가 이미 유명세를 탄 후 입소문이 나면서 리조트 개발로 멋들어진 풍광이 짓밟히진 않을까 하는 우려가 있었으나, 안도 타다오의 인간과 자연, 공간의 합일점이 담긴 결과물은 성공적이라는 평을 듣고 있다. '땅을 지키는 수호신'이라는 의미의 '지니어스 로사이'는 안도 타다오가 만든 역작 중 하나로 노출 콘크리트에 제주의 돌과 흙을 더해 고요하고 정갈한 공간을 완성했다. 일출과 일몰을 동시에 볼 수 있는 최고의 전망을 자랑하는 '글라스 하우스' 역시

안도 타다오의 작품. 구름 위에서 식사하는 호사로움을 만끽할 수 있는 공간을 선사한다. 개인 별장인 힐리우스의 회원 전용 피트니스센터인 '아고라'는 일반인에게는 출입이 제한되어 있지만, 피라미드를 연상케 하는 외관만으로도 훌륭한 볼거리다. 이곳은 절제된 미니멀한 건축 세계를 지향하며, 빛이 주는 극적 효과를 재현하는 건축가 마리오 보타가 설계에 참여했다.

'포도호텔'은 제주의 오름과 초가집을 모티브로, 재일교포 건축가 이타미 준이 제주의 물과 바람, 돌에서 영감을 받아 만들었다. 하늘에서 보면 23개의 객실 모양이 포도를 연상케 한다고 해서 포도호텔이라는 이름이 붙여졌다. 고산지대의 생태 습지가 펼쳐지면서 만들어진 경관은 포도호텔을 특별하게 만드는 가장 큰 요소다. 그 옆에 위치한 '비오토피아'는 생태계 속 유토피아를 접목한 타운 하우스로 대자연에서 휴식을 취할 수 있는 이상향과도 같은 전원마을이다. 입주민의 프라이버시를 위해 일반인의 출입이 통제되지만, 이타미 준이 설계한 갤러리와 박물관을 보러 오는 방문객들에겐 예외다. 비오토피아 주민의 기증으로 지어진 '방주교회'는 노아의 방주를 본떠 설계한 교회로 자연의 신비로움이 물씬 느껴진다. 150여 명을 수용할 수 있는 규모의 예배당에서는 누구든 예배를 드릴 수 있다. 색채의 마술사로 유명한 80대의 노장 건축가 리카르도 레고레타가 설계에 참여한 '제주 앵커호텔'은 2년 만에 공사를 재개해 기대를 모으고 있다. 레지던스 호텔의 모델하우스와 갤러리로 사용되는 '더 갤러리 카사 델 아쿠아'를 통해 완성될 건축물의 모습을 미리 접할 수 있다. 리카르도 레고레타는 이 호텔 설계에 참여하기로 결심한 후 제주의 흙과 돌을 먼저 살핀 것으로 알려져 있다.

이처럼 세계적인 건축가들이 제주에 모여든 이유는 무엇보다도 제주의 지극히 생태적이며 샤머니즘적인 성향이 이들에게 매력적으로 다가오기 때문이다. 또한 자신들의 열과 성이 더해진 건축물이 아시아의 이국적인 섬 제주의 자연과 조화를 이루는 모습을 직접 확인하고 싶어서가 아닐까. 덕분에 제주에서 펼쳐지는, 신이 만든 천혜의 자연과 인간이 만든 조형물의 조화는 이곳에서만 볼 수 있는 흔치 않는 경관이다.

거장들의 건축물이 보고 싶다면
- 이타민 준 : 비오토피아, 방주교회, 포도호텔, 두손지중미술관 등
- 안도 타다오 : 지니어스 로사이, 글라스 하우스
- 리카르도 레고레타 : 제주 앵커호텔(더 갤러리 카사 델 아쿠아)
- 승효상 : 여미지식물원, 추사유물전시관, 보오메꾸뜨르호텔
- 마리오 보타 : 아고라

제주
정착
노트

제주 이주를
준비하는 이들을 위한
어드바이스

카페 혹은 게스트하우스 오픈은 다시 한 번 재고할 것

누구나 '나만의 카페를 갖고 싶다'든가, '햇살이 들어오는 포근한 집을 만들고 싶다'는 핑크빛 꿈을 갖고 있다. 낭만이 넘실대는 제주라면 그 꿈이 이루어질 것만 같다. 하지만 누구의 눈치를 보지 않아도 되는 일이라고 만만하게 보면 곤란하다. 알고 보면 손님이 상사보다 더 어려운 존재가 될 수 있음을 명심해야 한다. 아닌 게 아니라. 도시를 떠나 바다와 산이 공존하는 이국적인 섬, 제주로의 이주를 꿈꾸는 이들이 나날이 늘어가고 있다. 은퇴와 노후를 준비하는 중·장년 층의 이야기가 아니라 한창 치열하게 사회생활에 적응해야 할 시기의 젊은이들이 대다수란다. 극심한 취업난에 치여서, 불안정한 직장생활에 어쩔 수 없다는 제각각의 이유로 꿈의 섬. 제주로의 정착을 실행에 옮기려고 한다. 그 덕에 제주에는 카페와 게스트하우스가 엄청나게 생겨나고 있지만 성공적으로 안착하는 경우는 그리 많지 않은 듯하다. 제주행이 마치 유행처럼 번져 너도나도 카페와 게스트하우스를 이곳저곳 열고 있지만, 자신만의 독창적 공간으로 만들기보다는 누군가의 것을 따라 하는 데 급급하다. 그러려면 굳이 왜 제주냐고 묻고 싶다. 다시 한 번 말하지만, 카페와 게스트하우스는 이미 포화상태다. 수익과 관계없이 나만 좋은 공간을 만들고 싶다면 굳이 말리진 않겠지만 진심으로 곰곰이 생각해 보길 바란다. 진짜. 하.고. 싶.은.지.를!

직장인보다 자영업자에게 유리하다

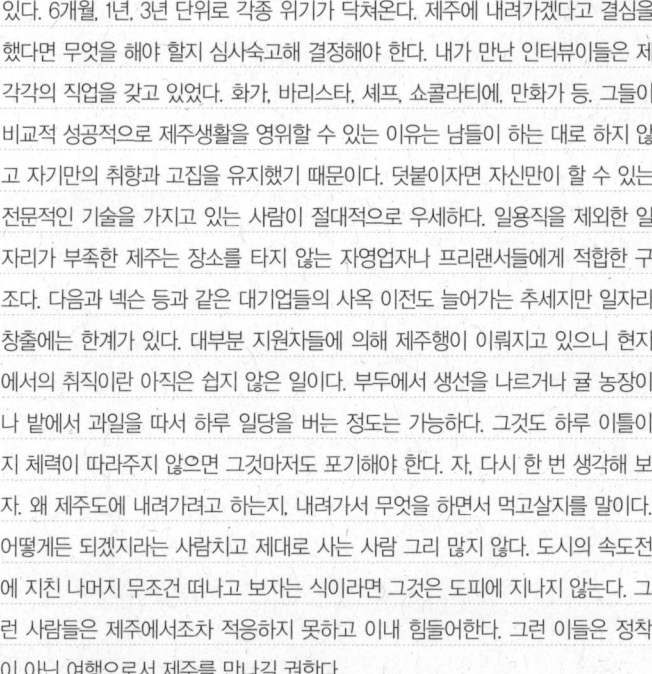

단단히 준비하지 않으면 도시에서보다 더 큰 고난을 경험할 수 있다. 6개월, 1년, 3년 단위로 각종 위기가 닥쳐온다. 제주에 내려가겠다고 결심을 했다면 무엇을 해야 할지 심사숙고해 결정해야 한다. 내가 만난 인터뷰이들은 제각각의 직업을 갖고 있었다. 화가, 바리스타, 셰프, 쇼콜라티에, 만화가 등. 그들이 비교적 성공적으로 제주생활을 영위할 수 있는 이유는 남들이 하는 대로 하지 않고 자기만의 취향과 고집을 유지했기 때문이다. 덧붙이자면 자신만이 할 수 있는 전문적인 기술을 가지고 있는 사람이 절대적으로 우세하다. 일용직을 제외한 일자리가 부족한 제주는 장소를 타지 않는 자영업자나 프리랜서들에게 적합한 구조다. 다음과 넥슨 등과 같은 대기업들의 사옥 이전도 늘어가는 추세지만 일자리 창출에는 한계가 있다. 대부분 지원자들에 의해 제주행이 이뤄지고 있으니 현지에서의 취직이란 아직은 쉽지 않은 일이다. 부두에서 생선을 나르거나 귤 농장이나 밭에서 과일을 따서 하루 일당을 버는 정도는 가능하다. 그것도 하루 이틀이지 체력이 따라주지 않으면 그것마저도 포기해야 한다. 자, 다시 한 번 생각해 보자. 왜 제주도에 내려가려고 하는지, 내려가서 무엇을 하면서 먹고살지를 말이다. 어떻게든 되겠지라는 사람치고 제대로 사는 사람 그리 많지 않다. 도시의 속도전에 지친 나머지 무조건 떠나고 보자는 식이라면 그것은 도피에 지나지 않는다. 그런 사람들은 제주에서조차 적응하지 못하고 이내 힘들어한다. 그런 이들은 정착이 아닌 여행으로서 제주를 만나길 권한다.

제주, 틈새시장을 노려라

그렇다면, 다시 본론으로 돌아와서 제주에서 무엇을 해야 할까. 만만한 카페 혹은 게스트하우스만이 정답일까. 미안하지만, 커피 한번 먹어본 적 없는 사람이 카페를 차리고, 이불 한번 개본 적 없는 사람이 게스트하우스를 오픈한다면 결과는 뻔한 일. 다시 한 번 재고하길 바란다. 아무리 생각해도 내가 잘하는 게 없다고 생각된다면 지금부터 '꺼리'를 찾아봐도 늦지 않는다. 그 경계를 좀 더 확장했으면 하는 바람이다. 다행히 내가 만난 제주 보헤미안은 '창조적 감성'을 갖고 있는 이들이었다. 농사를 짓는 이도, 그림을 그리는 이도, 카페를 운영하는 이도 정형화된 모습에서 벗어나 나만의 것을 추구한다. 같은 일을 하더라도 나만의 달란트를 살려야 한다. 제주도에서는 그동안 우리를 가둬둔 원칙에서 벗어나 진정 내가 하고 싶고, 할 수 있는 일을 찾아가는 과정을 도와주는 환경이 가능하다. 그러니 부디 조급해하지 않았으면 좋겠다. 천천히, 깊숙하게 자신을 마주할 시간은 아직 많이 남아 있다.

일단 내려와서 살아보면 길이 보인다

모든 이주자들이 한결같이 하는 말인즉 '일단 내려와서 살아보라'고 권한다. 서울 같은 대도시에서는 쉽지 않은 일이지만, 시간적 여건만 허락한다면 한 달 정도 살아보는 데 크게 비용 부담이 되지 않는다. 게스트하우스나 펜션 등의 장기 투숙(비수기에는 비용 할인이 가능하다)을 알아보자. 월세 35만 원 선에서 장기 투숙이 가능한 오피스텔이 제주시에 더러 있다. 그렇게 제주에 대한 사전조사가 끝나면 결정의 순간이 다가온다. 처음부터 당장 내 집을 짓는다는 부푼 기대에 들떠 중요한 부분을 놓칠 수 있다. 당장 구입하기보다 연세를 내고 제주도를 좀 더 경험해 보길 추천한다.

제주, 어디에 살아야 할까

제주 시내는 예전과 다르게 높은 빌딩과 아파트가 하나둘 들어서고 있어 도시와 별반 다를 게 없다. 심지어 부동산 시세 역시 잘 고르지 않으면 서울을 제외한 지방과 거의 차이가 없다. 돌다리도 두들겨볼수록 좋다. 남보다 늦었다고 생각해서 준비가 되지도 않았는데 일을 벌이는 건 안 하느니 못하니까. 마음의 준비를 마쳤다면 크게 두 가지 선택이 있다. '현지 주택을 개조하느냐? 새로 집을 짓느냐? 혹은 연세를 내고 임대를 하느냐? 아예 집을 구입하느냐?'로 좁혀진다. 이것 역시, 개인의 취향과 상황에 달려 있다. 서울보다 싼 땅값이나 집값에 무작정 덜컥 구입을 했다가 낭패를 당하기 쉽다. 더군다나 서울과 비교해서 무조건 큰 집을 구했다간 관리비나 경비 등을 감당하지 못할 수도 있다. 최후의 결정은 미룰 수 있으면 최대한 미루는 게 좋다. 이래저래 마음이 급한 쪽만 손해다.

주거 지역으로 매입하려면 진입로, 전기선과 상하수도 문제, 편의시설 거리 등을 고려해 심사숙고 후 결정해야 한다. 몇 사람을 걸쳐서라도 제주도에 있는 현지인의 도움을 받는 것이 여러모로 안전하다. 땅이나 집이 결정되었다고 해도 방심해선 안 된다. 원하는 기한 내에 집을 짓거나 리모델링을 마치는 건 불가능에 가깝다. 1.5배 정도 길게 보고 진행해야 한다.

섬이 가진 특성을 잘 모르는 이들은 바다에 가까이 살고 싶어 한다. 바다가 보이는 전망 좋은 집에 대한 로망을 꿈꾸지만 그건 몰라서 하는 소리. 바다와 가까이 있는 집은 절대 금물. 바닷물의 소금기와 바람은 일반 가정집에선 감당할 수 없는 습기를 동반한다. 그래서 제주에서 좀 산다는 사람들은 바다가 보이는 산중턱을 선호한다. 일단, 제주도는 바람이 많이 분다. 창문을 닫아놓더라도 집 안 구석구석 모래가 깨알처럼 들어찬다. 두 번째는 습기. 장마기간에는 습기 때문에 곰팡이가 피지 않는 곳이 없으니 여간 곤혹스러운 게 아니다.

부동산 시세가 생각보다 만만치 않다는 것에 외지인들은 또 한번 놀란다. 공항 근처인 제주 시내는 웬만한 서울 외곽이나 분당 지역과 맞먹을 정도다. 하지만 시내를 조금만 벗어나면 상대적으로 값이 떨어진다. 가격이 싼 땅은 평수가 몇 백 평 이상이거나 농경지가 많으며, 풍수지리가 괜찮은 위치는 상당히 비싸다. 대략 땅은 평당 30만 원부터 몇 백 만 원을 호가한다.

제주에서 가장 큰 변수는 날씨

날씨를 우습게 봤다간 큰코다친다. 여행을 갈 때 봤던 드높은 하늘과 선선한 바람, 푸르른 바다, 초록빛 들판은 일 년에 몇 번 보지 못하는 풍경이다. 오히려 사람을 무기력하게 만드는 거센 바람과 우울한 날씨는 직접 경험해 봐야 알 수 있다. 그러니까 저 푸른 초원 위에 그림 같은 집에서 알콩달콩 살러 갔지만 결국 날씨가 그 모든 것을 망쳐놓을 수 있다는 얘기다. 8년을 제주에서 머물고 있는 인터뷰이 한 명은 몇 해 전, 큰 폭풍 때문에 목숨을 잃을 뻔한 아찔한 경험을 했다고 한다. 우기에는 일주일 내내 비가 내리는 건 물론이고, 태풍과 바람에 집 밖으로 아예 나가질 못한다. 나무가 쓰러지거나 파도가 집을 덮칠 우려도 있다. 제주에서 가장 힘든 건 날씨라고 한 사람을 꽤 봤다. 본인이 날씨를 타는 타입이라면 진심으로 말리고 싶다. 진짜 사람이 우울해질 수 있다.

제주 보헤미안의 조언

김승민 "자신만의 기술이 없다면 힘들어요. 요리든, 미용이든, 그림이든 기술만 있으면 어디서든 먹고 살 걱정은 없죠."

김병수 "제주는 분명 기회의 땅이에요. 남들과 다른 차별된 아이템이 성패를 좌우해요."

정희경 "같은 일을 하더라도 나만의 콘텐츠가 있다면 살아남을 수 있어요."

이현수 "농사야말로 가장 정직한 노동이에요. 땀을 흘린 만큼 되돌려주는!"

장길연 & 손은정 "도 아니면 모, 인생은 그렇게 양분할 수 없잖아요. 한 걸음 한 걸음 조금 천천히 가도 늦지 않아요."

이담 "아무래도 혼자 알아보는 것보다 먼저 내려와 정착한 선배들에게 자문을 구해보세요."

고필헌 "젊은이들로 넘쳐나는 홍대 앞과 카오산로드같이 이곳 제주에도 그들이 하나둘씩 몰려들고 있어요. 기운이 느껴지지 않나요!"

이두원 "그림을 그리는 거 이외에는 생각해 본 적이 없어요. 제주에 와서도 그것만은 변함 없어요."

이혜연 "부디 제주의 환경을 해치지 않는 선에서 도시인들의 유입이 이루어졌으면 좋겠어요."

박경필 "제주는 경쟁을 하기엔 너무나 평화로운 곳이에요. 그게 문제예요. 그래서 남보다 나와의 경쟁이 더 힘겹고 고단해요."

이승택 "무에서 유를 창출하는 즐거움을 만끽하는 중이에요. 무언가를 만들어낼 수 있다는 건 삶의 활력소가 되지요."

선배들이 말하는, 제주 정착을 위해 알아야 할 지침사항

1 '어떻게든 되겠지'라는 생각으로 내려왔다가는 낭패당하기 쉽다. '목적'을 분명히 해야 불안하지 않다.

2 혼자 있는 걸 못 견디는 사람에겐 외로운 날들이 많다.

3 부부나 가족이 아니라면 동업은 금물. 좋았던 사이도 틀어진다.

4 이것만큼은 잘할 자신 있는 나만의 기술이 있어야 한다. 하물며 글씨를 예쁘게 쓴다거나 운전을 기막히게 잘한다거나. 사소한 것이라도 상관없다.

5 혼자 모든 것을 알아가며, 해내야 할 각오가 되어 있어야 한다.

6 취미를 만들어라. 시간을 보내는 법에 익숙해져야 한다.

7 집을 구할 땐 바닷가는 피해라. 바닷가는 눈만 즐겁고 사는 데 치명적인 곳이다.

8 땅을 사거나 집을 살 때 현지인의 도움을 받아야 좀 더 저렴하게, 안전하게 구입할 수 있다.

9 날씨에 민감한 사람이라면 진지하게 고려해야 한다. 제주의 날씨는 무덤덤한 성격을 가진 이도 감당하기 힘들다.

10 운전면허가 없으면 살기 곤란하다. 대중교통 노선이 상당히 단조롭고 휴일에는 운행을 하지 않는 버스도 많다.

11 일 년에 200만~300만 원 하는 연세에 혹하지 말라. 전기세나 주유비가 도시보다 더 나올 수 있다.

12 텃세가 심한 건 어디나 마찬가지다. 유독 제주만 그렇다는 건 편견이다. 그래도 먼저 동네 어르신들에게 다가가려는 노력을 하는 것이 외지인의 예의다.

13 요즘 새로 만들어지는 공간들은 대부분 인테리어가 천편일률적으로 비슷하다. 유행을 좇다가 아류작이 되기 쉽다. 남들과 가능하면 다르게 접근해라. 인테리어든 음식이든 간에.

14 제주의 시간에 익숙해져야 한다. 집이든, 가게든 현지 인부들의 작업 속도는

현저히 느리다. 예상보다 1/3~1/4 이상 정도로 길게 잡아야 알맞다.

15 집에 고장이 나도 집주인이 고쳐주지 않는다. 웬만한 불편은 감수해야 한다.

16 이웃과 친하게 지내라. 언제 어떻게 자연재해가 닥칠지 모르는 외지에선 이웃의 도움이 절대적이다.

17 블로그는 훌륭한 홍보수단이다. 하지만 방치하는 순간 안 하는 것만 못하니 열심히 할 각오가 되어 있어야 한다.

18 사람을 대하는 일을 한다면, 첫째도 둘째도 친절이 중요하다. 컨디션이 나쁘거나 좋지 않은 일이 있다고 티가 팍팍 나면 입소문이 금세 난다.

19 생각처럼 낭만적이거나 폼 나지 않는 일이 비일비재하다. 어디에서건 최선을 다해 사는 것. 그건 도시나 제주나 다를 바 없다.

20 진짜 떠나고 싶을 때 떠나라. 친구 따라 강남 가는 것처럼 아무 생각 없이 내려왔다 질겁하고 떠나는 이들도 적지 않다.

21 제주에선 요즘 들어 집값, 땅값이 부쩍 올랐는데 도시인들의 영향이 크다. 도시보다는 상대적으로 싼 가격이라 부르는 대로 덜컥 구입하기 때문. 어느 정도 에누리를 시도해 보자.

22 땅만 산다고 모든 일이 해결되는 건 아니다. 수도시설이나 전기공사부터 다시 하게 되면 비용이 만만치 않다. 상업공간을 만들 경우에는 다양한 법규를 살펴가며 꼼꼼히 따져야 한다.

제주
여행
노트

제주에서 가볼 만한
**카페, 갤러리, 도서관, 맛집,
숙소 리스트**

CAFE

아일랜드 조르바
〈그리스인 조르바〉의 바로 그 조르바가 생각나는 해변 카페. 진정한 보헤미안 라이프를 살고 있는 디야나와 바비야(도시에서 쓰던 이름 대신 사용한다)가 내키는 대로 문을 열고 닫아 때때로 휴무. 그녀들의 자유로움에 전염되길 원하는 이들의 발길이 끊이지 않는다. 얼마 전, 대평리의 시골집에 또 다른 아지트를 오픈했다.
주소 제주시 구좌읍 월정리 4-1 홈페이지 cafe.naver.com/islandzorba

오소록
영국 런던에서 '허운데기'라는 헤어숍을 내고 헤어 아티스트로 활동해 온 오너가 송악산 일대의 축사를 개조해 문을 열었다. 독특한 빈티지풍 인테리어로 입소문이 자자하다.
주소 서귀포시 대정읍 상모리 143 문의 064-792-0247

닐모리 동동
'커피명가' 안명규의 유기농 커피, 효월 이기영의 야생차, 라퀴진이 제주의 식재료로 세팅한 요리까지 맛있는 먹거리로 가득하다. 전체적으로 깔끔한 인상을 준다.
주소 제주시 용담3동 2396 문의 064-745-5008 홈페이지 www.nilmori.com

물고기 카페
영화감독 장선우와 그의 아내가 운영하는 카페로 바다가 보이는 대평마을의 작은 시골집을 개조해 만들었다. 캡슐 커피라는 게 살짝 아쉽긴 하지만, 집에서 바로 만든 듯한 크림 스파게티의 맛은 참 정겹다.
주소 서귀포시 안덕면 대평리 804 문의 064-8147-0804

바람카페
제주이민자들의 사랑방 역할을 하는 이곳은 이담과 그의 지인들이 운영하는 카페다. 손수 커피콩을 볶아 원두를 갈아 내려주는 핸드드립 커피가 수준급. 여기에 곁들여지는 오므라이스는 그야말로 잊지 못할 맛. 두고두고 생각난다.
주소 제주시 아라1동 371-20 문의 070-7799-1103

하우스레서피 당근케이크
전직 아나운서 출신이라는 특이한 이력을 가진 주인장 권혁란이 운영하는 당근케이크 전문점. 텃밭에서 기른 유기농 당근으로 구운 부드러우면서도 찰진 당근케이크는 묘한 중독성이 있다. 홍차와 함께 먹으면 그 맛이 두 배로 더해진다.
주소 제주시 한림읍 귀덕리 1236-9 문의 064-796-9440

카페세바
재즈 피아니스트와 바리스타가 함께 꾸려가는 핸드드립 커피 카페. 외관은 영락없는 제주의 귤 창고지만, 안으로 들어오면 모나코풍의 인테리어가 시선을 끈다. 오전 12시에 오픈해 오후 6시에 문을 닫으니 반드시 시간을 확인하고 방문하도록.
주소 제주시 조천읍 선흘리 1093-1 문의 070-4213-1268
홈페이지 blog.naver.com/cafeseba

일드뱅
제주도에서 마시는 와인 맛은 특별한 추억을 남긴다. 두 명의 훈남 사장이 운영하며, 칠레, 아르헨티나, 호주 등 신세계 와인 리스트를 선택하면 후회하지 않는다.
주소 제주시 연동 272-49 문의 064-745-1982

샐러드앤미미
청담동에서 샐러드 바를 운영하던 주인장이 유기농 음식을 만들겠다는 신념으로 제주에 내려와 세운 카페 & 레스토랑. 제주 특유의 돌집 외관을 그대로 살린 공간에서 맛보는 샐러드 맛이 일품이다.
주소 제주시 애월읍 유수암리 2173-5 문의 064-799-9941
홈페이지 saladmimi.com

제주의 향기
7년 동안 부부가 시간과 정성을 다해 지은 한옥의 포스가 남다른 곳. 좌식 테이블에 앉아 미숫가루 한 사발을 들이키면 세상 부러울 게 없다.
주소 제주시 한경면 저지리 3140 문의 070-7562-9762

메이飛 카페
올레6길의 중간, 이중섭거리에 위치한 이곳은 세련된 인테리어와 자유로운 분위기로 제주 젊은이들이 즐겨찾는 핫 플레이스다. 꽃으로 장식한 테이블세팅이 인상적인 곳.
주소 서귀포시 서귀동 416-2 문의 070-4143-0639

올리브 카페
방주교회 바로 앞에 위치한 이곳은 커피 한 잔을 마시며 산방산과 송학산을 보러 일부러 들르는 사람들이 있을 정도로 전경이 좋다. 관광객보다는 제주 현지인들이 드라이브 삼아 자주 찾는 곳.
주소 서귀포시 안덕면 산천리 423-1 핀크스 비오토피아 옆 문의 064-792-1988

카페7373
'철썩철썩' 파도 치는 소리에서 그 이름을 따왔다. B&B 제주락이 함께 운영하는 카페. 와인과 커피, 샐러드와 샌드위치 등이 추천 메뉴다. 올레 7코스 중간쯤에 위치하고 있어 간단한 식사가 생각날 때 들르면 좋다.
주소 제주시 서귀포시 법환동 1540 문의 064-738-8333

갤러리 카페 슬로우리
가구 디자이너 이양선이 운영하는 카페 겸 갤러리 공간. 높은 천장과 원목으로 만들어진 실내는 자신이 직접 제작한 가구들로 꾸며놓았다. 공방을 운영하고 있는데 주문하면 대기만 하는 데 몇 개월이 걸릴 정도로 인기가 많다.
주소 제주시 애월읍 유수암리 1679-1 문의 064-799-0549

레이지박스 카페
레이지박스 게스트하우스로 유명한 주인장이 오픈한 카페. 영국 런던에서 디자이너로 일하는 후배가 디자인을, 서울에 있는 친구가 제작을 맡아 공수한 소품들로 꾸며졌다. 서귀포 해변이 한눈에 들어오는 자리에 앉아 홈메이드 음료와 머핀을 먹는 호사를 누려보길 바란다.
주소 서귀포시 안덕면 사계리 177-5 문의 070-8900-1254

쇠소깍 돌카페
첫눈에 그냥 지나쳐버릴 수 있지만, 안으로 들어선 순간 이국적인 정취에 흠뻑 빠지게 된다. 해산물이 듬뿍 든 크림 파스타와 후식으로 나오는 미니 머핀이 특히 인기다.
주소 서귀포시 하효동 999-3 문의 070-4146-1775

달빛봉봉베란다
달콤한 수제 초콜릿과 쿠키, 커피와 허브 차를 맛볼 수 있는 곳. 자유롭게 세팅된 테이블에서 책 한 권과 보내는 시간 강추.
주소 제주시 봉개동 1943 2층 문의 064-755-2850

GALLERY

이중섭미술관
전쟁을 피해 제주도에서 내려온 이중섭이 2년간 기거한 초가 앞에 세워진 미술관. 〈서귀포의 환상〉, 〈게와 가족〉, 〈꽃과 아이들〉 등 11점의 원화와 부인에게 보낸 애틋한 자필 편지를 볼 수 있다.
주소 서귀포시 정방동 532-1 **문의** 064-733-3555 **홈페이지** jslee.seogwipo.go.kr

기당미술관
'황톳빛 제주화'라는 화풍으로 외국에서 더 유명한 제주 출신 화가 변시지의 회화, 공예, 판화 등 650여 점을 소장하고 있다.
주소 서귀포시 서홍동 621 **문의** 064-733-1586
홈페이지 gidang.seogwipo.go.kr

제주도립미술관
자연을 배경 삼아 미술관 둘레를 감싼 연못과 어우러져 반듯하게 잘 지어진 미술관이다. 굳이 전시를 보지 않아도 풍경 자체가 하나의 작품이 되는 곳. 1100번 도로를 지나게 되면 꼭 이곳에 들러 커피 한 잔을 마시게 된다.
주소 제주시 연동 680-7 **문의** 064-710-4300 **홈페이지** jmoa.jeju.go.kr

제주현대미술관
2007년 개관한 이곳은 저지문화예술인 마을 중심부에서 제주 예술을 대표하는 미술관 역할을 하고 있다. 세계적인 서양화가 김흥수 화백의 작품들이 상설 전시되어 있고, 야외 정원에선 박석원, 프랑코 아다미 등 국내외 유명 조각가의 작품을 감상할 수 있다.
주소 제주시 한경면 저지14길 38 **문의** 064-710-7801
홈페이지 www.jejumuseum.go.kr

두손지중미술관
포도호텔은 훌륭하지만 숙박료가 만만치 않다. 대신 비오토피아 안쪽에 위치한

두손지중미술관을 둘러보자. 두 손을 모아 기도하는 형태로, 산방산의 조형을 향해 기원하는 마음을 건물에 그대로 표현했다. 건물 그 자체가 바로 예술품이다.
주소 서귀포시 안덕면 상천리 산62-4 문의 064-793-6001
홈페이지 www.thepinx.co.kr/biotopia

김영갑갤러리 두모악
세상을 떠나는 마지막 순간까지 이곳을 가꾸고 다듬는 데 온 힘을 쏟은 김영갑 선생의 정성이 고스란히 전해진다. 그가 얼마나 제주를 사랑했는지, 그가 말하는 제주의 황홀이 궁금하다면 이곳을 방문해 보길 권한다.
주소 서귀포시 성산읍 삼달리 437-5 문의 064-784-9907
홈페이지 www.dumoak.co.kr

자연사랑갤러리
25년간 지역 일간지 사진기자였던 서재철이 작은 분교를 수리해 만든 사진갤러리. 세련된 맛보다 제주 본연의 자연스러운 멋을 느끼고 싶은 이들에게 추천한다.
주소 서귀포시 표선면 가시리 1920-1 문의 064-787-3110
홈페이지 www.hallaphoto.co.kr

아트스페이스 C
국내외 작가들의 작품을 편견 없이 다양하게 소개하는 복합문화공간으로, 실험적이고 독특한 예술 작품들을 선보이는 제주에서 몇 안 되는 공간이다. 단, 전시나 공연이 비정기적으로 운영되니 반드시 확인 후 방문해야 한다.
주소 제주시 노형동 1295-13 문의 064-745-3693
홈페이지 www.artspacec.com

LIBRARY

한라도서관
전국 최초의 지역 도서관으로, 사회과학과 문학, 어린이 도서가 주종을 이룬다. 제주 지역의 아카이브를 위해 만들어졌다. 도민들이 기증한 제주 문헌실의 소장 자료 1만 권은 제주에 대한 관심이 있다면 한 번은 꼭 살펴봐야 할 문헌들이다.
주소 제주시 오라2동 899-3 문의 064-710-8666 홈페이지 hallalib.jeju.go.kr

우당도서관
제주가 낳은 선각자이며 제4대 제주도지사를 역임한 김용하의 호를 따서 만든 도서관이다. 꼭 책을 읽지 않더라도 책 구경과 산책 삼아 찾아가 볼 만하다.
주소 제주시 건입동 318 문의 064-752-4986 홈페이지 woodang.jejusi.go.kr

바람도서관
도서관이라고 하기에는 작은 규모지만, 관장의 손길이 하나하나 닿아 있는 3,000권의 책들 사이에 둘러싸여 있다 보면 저절로 마음의 평화를 찾게 된다.
주소 제주시 조천읍 와흘리 홈페이지 www.nomoss.net

달리도서관
'달빛 아래 책 읽는 소리'의 줄임말인 달리도서관은 소박하지만 정겨운 사랑방과도 같은 여행자를 위한 도서관이다. 일반 도서관과는 달리 기증한 사람들의 이름으로 책을 구분한 분류법이 특이하다. 20권 이상의 책을 기증한 책나눔회원이라면 게스트 룸에서 묵을 수 있다. 단, 여자들에 한해 가능하다.
주소 제주시 이도2동 1017 문의 064-702-0236
홈페이지 cafe.daum.net/dallibook

탐라도서관
책을 읽다 고개를 들면 큰 창으로 제주의 풍경이 눈에 들어온다. 창밖을 한참 바라보고 있노라면 저절로 마음까지 유해진다. 날씨가 좋을 때 삼나무가 길게 뻗은

야외 테이블에 나와 책을 보는 것도 운치 있다.
주소 제주시 노형동 1479 문의 064-742-7395~6
홈페이지 tamna.jejusi.go.kr

제주 기적의 도서관
2008년 제주의 어린이들에게 책을 가까이하는 기회를 더 많이 제공해 주기 위해 민간방송과 여러 단체들의 힘을 모아 만들었다. 다양한 독서 관련 프로그램을 진행하며 지금까지도 그 명맥을 잘 유지하고 있다. 자녀가 있다면 한 번쯤 들러봐야 할 추천 코스.
주소 제주시 이도2동 1128-1 문의 064-728-8561~6
홈페이지 miracle.jeju.go.kr/2008

FOOD

올래국수
두툼한 살코기가 푸짐한 고기국수는 제주 음식 중 별미에 속한다. 공항과 가까워 오고 갈 때 반드시 들러야 하는 맛집 필수 코스지만 줄을 서야 하는 번거로움을 감수해야 한다.
주소 제주시 연동 216-16 문의 064-742-7355

삼보식당
전복보다 더 쳐주는 자연산 오분자기 뚝배기의 뜨끈한 국물과 감칠맛은 여행의 피로를 말끔히 씻어준다. 여행자보다 동네주민들이 더 붐비는 곳.
주소 서귀포시 천지동 319-8 문의 064-762-3620

포도호텔 레스토랑
건축가 이타미 준의 명성이 포도호텔의 유명세에 한몫하고 있지만, 그에 못지않게 왕새우튀김우동도 이곳의 유명세를 더한다. 시원하고 담백한 국물과 튼실한 새우의 조화에 1만8,000원이라는 돈이 결코 아깝지 않다.
주소 서귀포시 안덕면 상천리산 62-3 문의 064-793-7000

크라제버거 제주점
전망 좋은 용담 해안도로에 위치한 제주점엔 이곳에서만 먹을 수 있는 특별한 메뉴가 있다. 바로 제주도 흑돼지로 만든 버거와 보말 파스타. 한 번 맛보면 다시 찾게 된다는 색다른 맛에 빠져보자.
주소 제주시 용담3동 1003-9 문의 064-711-6700

대우정
싱싱한 오분자기를 넣은 돌솥밥에 마가린과 양념간장을 비벼 먹는 맛은 한 번 맛보면 잊지 못한다. 식사 후 먹는 누룽지가 일품.
주소 제주시 삼도1동 569-27 문의 064-757-9662

덕성원
살이 오른 꽃게 토막이 들어간 꽃게짬뽕을 먹고 나면 어설픈 해물짬뽕은 쳐다보지도 않게 된다. 화교가 운영하는 중국 음식점으로 1945년에 문을 연 이래 3대에 걸쳐 운영하고 있다. 펑 탕수육과 꽃게짬뽕이 별미다.
주소 서귀포시 정방동 474 문의 064-762-2402

옥동식당
내장까지 넣은 보말을 육수로 하여 만든 칼국수는 담백하고 고소한 맛이 일품이다. 20분 정도 걸리는 조리시간이 전혀 아깝지 않은 맛.
주소 서귀포시 대정읍 하모리 1067-23 문의 064-794-8833

성복식당
음식 맛 까다로운 제주 토박이조차 인정하는 성복식당. 회, 조림, 구이를 다 맛있게 하기란 쉽지 않은데 성복식당은 예외다. 특히 갈치조림은 아버지 대부터 내려오는 비법으로 조리하는데 밥도둑이 따로 없다.
주소 제주시 건입동 1319-22 문의 064-757-2481

덕승식당
모슬포항 덕승호 선주가 잡아온 생선이 바로 식당의 메뉴가 되는 곳. 우럭에 된장을 푼 매운탕과 신 김치에 싸 먹는 방어 맛의 중독성이란!
주소 서귀포시 대정읍 하모리 770-3 문의 064-794-0177

용왕난드르
'용왕님이 살던 넓은 들판'이라는 뜻을 가진 음식점. 올레길에 위치한 맛집 중 보말과 미역을 넣고 끓인 수제비로 유명한 곳이다. 한 그릇 비우고 나면 마치 깊은 바다의 진미를 맛본 것처럼 든든하다.
주소 서귀포시 안덕면 대평리 876-11 문의 064-738-0915

춘자멸치국수
간판이 없어 주인의 이름을 따서 부르게 된 것이 이곳의 이름이 되었다. 통멸치로

우려낸 물에 중면을 삶아 넣고 쪽파와 고춧가루, 통깨의 삼박자가 어우러진 맛이라니! 어린 시절 엄마가 말아주는 그 국수 맛이 생각난다.
주소 서귀포시 표선면 598-3 문의 064-787-3124

감초식당
허영만의 만화 〈식객〉에 나온 유일무이한 제주도 음식. 모둠순대를 시키면 순댓국밥이 덤으로 나온다. 비리지 않고 쫄깃하면서도 야들야들한 머릿고기가 들어간 순댓국밥은 확실히 중독성이 있다.
주소 제주시 이도1동 1289-5 문의 064-753-7462

해오름식당
직영 농장에서 공수하는 흑돼지의 품질이 일품이다. 1인분에 7,000원 하는 모둠꼬치는 다양한 부위를 한 번에 먹을 수 있어 경제적이다.
주소 제주시 노형동 1047-2 문의 064-744-0367

만선식당
고소한 고등어 회를 양파 양념장에 찍은 다음 밥과 김에 싸서 먹는 순간, 무릉도원이 따로 없다 싶을 거다. "바로 이 맛이야"라는 말이 절로 나온다.
주소 서귀포시 대정읍 하정리 770-50 문의 064-794-6300

해광식당
싱싱한 해산물에 고춧가루와 청양고추를 듬뿍 넣은 짬뽕 칼국수 한 그릇을 먹고 나면 힘이 불끈 솟는다. 우도에 들렀다면 반드시 찾아봐야 할 맛집 중 하나.
주소 제주시 우도면 오봉리 1287-1 문의 064-782-0234

시흥해녀의 집
이미 입소문이 많이 나서 문전성시를 이루지만, 제주에 내려와 이곳의 오분자기 죽을 먹지 않으면 왠지 모르게 서운하다. 오분자기가 가득 담긴 죽 한 그릇이면 여행할 힘이 절로 나는 것만 같다.
주소 서귀포시 성산읍 시흥리 12-64 문의 064-782-9230

나목도식당

고기는 자고로 아침에 먹어야 제맛을 느낄 수 있다고 했다. 이른 시간부터 몰려드는 동네사람들과 관광객으로 인해 아침부터 고기 굽는 연기가 자욱하다. 다른 메뉴보다 돼지갈비 맛이 일품인 시골 고깃집.
주소 서귀포시 표선면 가시리 1877-6 문의 064-787-1202

민트 레스토랑

식사를 하면서 통유리창으로 펼쳐지는 바다 풍경까지 즐길 수 있는 곳. 장어덮밥, 지라시회덮밥, 해물 파스타 등 모두 먹을 만한 수준이다. 그중에서도 특히, 민트 디너 세트(5만원 선)를 추천한다.
주소 서귀포시 성산읍 고성리 127-2 문의 064-731-7000
홈페이지 www.phoenixisland.co.kr

아루요

뜨끈한 나가사키 짬뽕국물, 맛깔스러운 돈부리, 그리고 여기에 아사히 맥주 한잔이면 부러울 게 없다. 바닷가 근처에 즐비한 횟집 전문 일식집 말고, 셰프의 정성이 가득 담긴 진짜 요리를 원한다면 아루요로 발길을 돌려보자. 재료가 떨어지면 문을 닫으니 마음의 준비를 하고 찾아갈 것.
주소 제주시 애월읍 유수암리 1040-5

달그락 화덕피자

여행지에서의 맛집 순례는 보통 현지식으로 해결하는 경우가 대부분이긴 하지만, 느끼하거나 달콤한 맛이 당길 때가 있다.
그럴 때는 꿀에 찍어 먹는 루콜라 피자만 한 게 없다. 바삭한 토우 위에 토핑 된 싱싱한 루콜라의 쌉쌀함이라니.
주소 제주시 노형동 748-3
문의 064-713-7483

STAY

제주락
외국에서 오랫동안 생활을 한 주인의 심미안이 돋보이는 이곳은 5개의 객실로 꾸며진 B&B. 제주에서 쉽게 볼 수 있는 돌과 컬러풀한 타일 장식으로 외관부터 이국적인 느낌이 강하게 느껴진다. 셰프를 꿈꾸는 매니저의 아침식사는 제주에 갈 때마다 이곳을 찾는 이유 중 하나.
주소 서귀포시 법환동 1540 문의 064-738-8333 홈페이지 www.jejurak.com

신엄1980
일반 제주 가정집을 개조해 독채로 사용할 수 있게 만들었다. 2인실과 거실, 주방, 화장실과 욕실로 이루어진 한 채를 내 집처럼 사용할 수 있다. 마치 친구집에 놀러온 듯한 아늑한 느낌. 작고 소박한 일본의 소도시에 온 것 같은 착각을 불러일으킨다.
주소 제주시 애월읍 신엄리 2552-1 문의 019-757-1347 홈페이지 www.신엄.kr

쫄깃쎈타
여행의 진수를 낯선이들과의 신선한 만남이라는 신조를 갖고 있다면, 개성 만점 여행자들이 유독 발길을 하는 이곳을 추천한다.
주소 제주시 한림읍 협재리 1689-1 홈페이지 www.jjolkit.com

레이지박스
주인장의 솜씨로 50년 된 제주식 농가를 개조해 만든 게스트하우스. 관광이 아닌 휴식을 원하는 이들의 발길이 끊이지 않는다. 아기자기한 소품과 깔끔한 인테리어로 여자 손님들이 많다.
주소 서귀포시 안덕면 사계리 2501-1 문의 070-8900-1254
홈페이지 www.lazybox.co.kr

잇츠힐
화이트, 블랙, 딥 그레이 등의 다양한 컬러와 포인트가 정갈한 10개의 객실. 개성이 제각각 돋보이는 곳. 가족, 연인, 친구 등 취향대로 고를 수 있다. 전망 좋은 곳에서 따뜻한 물에 몸을 담글 수 있는 노천 욕조는 이곳의 자랑거리.
주소 제주시 애월읍 구엄리 466-3 **문의** 064-712-6721 **홈페이지** www.itshill.com

샤인빌 럭셔리 리조트
올레길 4코스가 정원을 가로지르는 풍경 좋기로 소문난 곳이다. 표선면 바다가 보이는 전경을 바라보며 걷는 산책로는 여행의 피로를 말끔히 씻어줄 정도로 아름답다.
주소 서귀포시 표선면 토산리 17 **문의** 064-780-7000 **홈페이지** www.shineville.com

씨에스호텔
제주도 전통초가집을 재현한 한국형 전통 호텔이다. 〈꽃보다 남자〉, 〈궁〉, 〈시크릿 가든〉 등의 드라마 촬영지로 유명하다. 바다를 바라보며 먹는 바비큐와 프라이빗한 시간을 즐길 수 있는 노천탕은 반드시 이용해 보길.
주소 서귀포시 중문동 2563-1 **문의** 064-735-3000 **홈페이지** www.seaes.co.kr

무위재 펜션
이탈리아 시칠리안풍으로 건축가 편승문이 설계하고 지은 집. 전체적으로 깔끔한 화이트 톤으로 객실이 맞붙어 있지 않아 독립적인 공간을 원하는 이들에게 안성맞춤이다.
주소 서귀포시 안덕면 상창리 897-1 **문의** 064-794-1440
홈페이지 www.jjpension.com

빌레트의 부엌
용머리 오름 근처의 오래된 돌담집을 깔끔하게 고친 농가 민박으로 요즘 핫한 게스트하우스 중 하나. 파울로 코엘료의 소설 〈베로니카 죽기로 결심하다〉 속에 나오는 정신병원 이름이 바로 이곳의 이름이 되었다.
주소 제주시 구좌읍 세화리 793 **문의** 070-4406-3255
홈페이지 blog.naver.com/jakang71

함피디네 돌집

크고 작은 돌들로 만들어진 예쁜 게스트하우스로 작은 마당이 달려 있다. 현직 PD가 직접 운영하며 매달 크고 작은 음악회가 열리기도 한다. 동네주민, 어린이 재단과 함께하는 재능 기부 프로젝트도 꾸준히 진행 중이다.

주소 제주시 구좌읍 한동리 8-2 **문의** 070-4383-0104

홈페이지 www.hampdnedolzip.com

청재설헌

제주까지 와서 평소와 다름없는 시간을 보내기 싫다면 자연친화적인 일상을 경험할 수 있는 이곳을 추천한다. 직접 재배한 나물과 제주도 특산물 등을 이용해 정갈한 아침 식사는 물론, 녹차와 국화차 등 직접 재배한 차도 마실 수 있다.

주소 서귀포시 토평동 3045 **문의** 064-732-2020 **홈페이지** www.bnbhouse.com

포도호텔

제주의 자연을 가장 잘 이해하고 한국적 정서를 가장 잘 반영한 호텔로 외국 손님이 찾아왔을 때 추천하면 그만이다. 핀크스 단지 내에는 천연 지하수가 솟아나오기 때문에 물이 좋다. 풀벌레 우는 늦은 밤, 창문 열고 자쿠지에 들어가 반신욕을 즐겨볼 것. 단, 비싼 객실료가 부담스럽다.

주소 서귀포시 안덕면 상천리 산 62-3 **문의** 064-793-7000

홈페이지 www.podohotel.co.kr

담앤루 리조트

동남아 휴양지 부럽지 않은 시설 좋은 풀빌라를 보유한 곳. 객실 안에 수영장이 딸린 풀빌라 객실은 오붓한 허니문을 원하는 커플들에게 인기 만점이다.

주소 서귀포시 대포동 1177 **문의** 064-739-6617 **홈페이지** www.damnroo.com

루마인

성산일출봉이 보이는 종달 해안도로에 오롯이 서 있는 미니멀한 외곽의 펜션. 바다를 향한 카페에서 마시는 커피 한 잔은 이곳을 특별한 장소로 만들기에 충분하다.

주소 제주시 구좌읍 종달리 624 **문의** 064-782-5239 **홈페이지** www.roomine.com

보오메꾸뜨르호텔
건축가 승효상이 설계한 컨템포러리풍의 세련된 인테리어가 돋보이는 부티크 호텔이다. 아르마니 가구와 조명 디자이너 윤명천의 조명이 보기 좋게 어우러져 있다. 모던한 스타일을 좋아하지 않는다면 패스.
주소 제주시 연동 276-1 문의 064-798-8000

휘닉스 아일랜드
섭지코지의 지형을 살린 아일랜드형 구조로 설계되었다. 사방에서 바다를 바라볼 수 있어 어느 곳보다 조망이 훌륭하다. 지니어스 로사이와 글라스 하우스 등을 보유하고 있어 하루 종일 리조트 안에 있어도 절대 지루할 틈이 없다.
주소 서귀포시 성산읍 고성리 127-2 문의 1577-0069
홈페이지 www.phoenixisland.co.kr

Ending page

바람이 쉬어가는 이곳,
제주에서 우리도 쉬어가자

시작은 재작년 제주 여행에서부터였다.
바닷가 앞 작은 카페에서 커피를 내리는
자유롭고 평화로운 여자의 뒷모습,
이름 모를 시골마을 속에 들어선 아늑한 게스트하우스,
하늘과 바다가 맞닿은 경계에 있는 오름으로의 산책,
소박함이 묻어나는 로컬 푸드의 맛….
검은 돌과 푸른 숲, 파란 바다 속에서 제 할 일을 기꺼이 하고 있는
그들의 모습은 비현실적으로 다가왔다.

그러니까, 이들처럼 살고 싶었다.
어디론가 떠나고 싶었지만 그럴 수 없었다.
벗어나고 싶었지만 그러질 못했다.
어차피 돌아올 도시에서마저 이방인이 되고 싶지 않았으니까.

2010년 말부터 지금까지 한 달에 한 번꼴로 제주를 찾았다.
봄, 여름, 가을, 겨울이 지나니 어느새 일 년이 훌쩍 지나갔다.
그 시간 동안 많은 사람을 만났고, 많은 곳을 지나쳤다.
만나는 사람마다 마음이 쓰였고, 마주치는 풍경마다 잔상이 남아 있다.
제주가 가진 그 기운에 제 풀에 기가 눌려 편치 않았던 여정은
그렇게 끝이 났다.
내가 더 애틋해하며 일방적으로 짝사랑하다가 그만 연애가 끝난 기분이다.
그런데 벌써 그곳, 제주가 그립다.

외할머니는 제주도에서 물질을 잘하는 해녀이셨다고 했다.
육지로 건너와 30여 년의 세월을 보낸 후,
마지막 순간 제주도 성산포에서 눈을 감으셨다.
내일모레 환갑이 되는 엄마는 여전히 할머니 얘기가 나오면
남몰래 눈물을 훔치신다.
그래서, '제주도'라는 말이 나올 때마다 마음이 먹먹해진다고 했다.
이 봄이 가기 전, 엄마와 함께 제주도에 다녀와야겠다.

2012년 2월, 서교동 집필실에서
김태경

김용식, 김남우, 성화주, 신유미, 이누리, 그리고 이윤만.
그대들 덕분에 외롭지 않았다. 진심을 담아 고마움을 전한다.

채소 돈 세이브

2012년 4월 17일 초판 1쇄 발행
2012년 5월 25일 초판 2쇄 발행

지은이 | 김태정·
옮긴이 | 정차근

펴낸곳 | 이정자
단행본개발실장 | 박지영
책임편집 | 서용순
마케팅실장 | 정유한
해외저작권 | 정신희 김진희
제작 | 정웅래 박성이

발행처 | (주)시공사
출판등록 | 1989년 5월 10일(제3-248호)

주소 | 서울특별시 서초구 사임당로 1628-1 우림빌딩 137,879
전화 | (02)2046-2863 · 영업 (02)2046-2800
팩스 | 편집 (02)585-1755 · 영업 (02)588-0835
홈페이지 | www.sigongsa.com

ISBN 978-89-527-6467-6 13040

본서의 내용을 무단 복제하는 것은 저작권법에 의해 금지되어 있습니다.
파본이나 잘못된 책은 구입한 곳에서 교환해 드립니다.

지은이 김태정

펴낸책이 〈리더티피기〉, 〈새터민포스리더〉, 〈새터민부자사전〉, 〈돋움〉에서 15년 동안 편집이디터로 출판사에근무한
다. 2010년 1등 출간도 전문가 아카데미 Urbanbook를 창업해 현재 마라톤 편집인 가르치고 기록하고 기회〈브로
으로 알려 있다. 저서로 〈에디터의 스타일링 사전〉〈돋 더 기가이〉: 복 춘+하+의+겨울+사시사〉가 있다.